YALLA

en avant les jeunes !

Née le 16 novembre 1908, Madeleine Cinquin, dite Sœur Emmanuelle, prononce ses vœux de religieuse le 10 mai 1931, à Notre-Dame de Sion. Institutrice puis enseignante en lettres en Turquie et en Tunisie de 1931 à 1965, elle éprouve à Alexandrie un véritable coup de foudre pour l'Égypte. Devenue professeur de philosophie, elle tente de sensibiliser ses élèves aux problèmes du peuple. En 1970, elle décide de rester à la léproserie d'Abou Zaabal, zone militaire qu'elle est malheureusement obligée de quitter rapidement. Elle s'installe alors, dès 1971, chez les chiffonniers du Caire. En 1976, le Centre Salam (dispensaire, atelier de couture, club social, jardin d'enfants et maternité) ouvre ses portes ; il sera inauguré en 1980 par Jehane Sadate. La même année est créée l'« Association des amis de Sœur Emmanuelle ».
De 1982 à 1991, Sœur Emmanuelle poursuit son action auprès des plus déshérités dans différents bidonvilles : Mokattam, Meadi, Khartoum, Beyrouth... Depuis 1993, à la demande de ses supérieures, elle a rejoint ses sœurs en France pour prendre sa retraite.
Sœur Emmanuelle est l'auteur de *Chiffonnière avec les chiffonniers* (1977) et de *Yalla, en avant les jeunes !* (1997).

Françoise Huart est journaliste. Elle a publié *La Vie aux trousses*, avec Agnès L'Herbier (1990).

SŒUR EMMANUELLE
avec Françoise HUART

Yalla

en avant les jeunes !

CALMANN-LÉVY

DÉDICACE

Depuis la terre d'Afrique, jusqu'à l'Europe en passant par l'Asie et les Philippines, les jeunes que j'ai rencontrés m'ont émerveillée : leur tonus a alimenté le mien, leur générosité a ravivé la mienne. Ils marchaient sans faillir vers le but qu'ils s'étaient fixé : partager avec les malchanceux les pires situations pour émerger avec eux dans la vie et la lumière.

D'autres voix proclament un aspect différent, négatif, des jeunes d'aujourd'hui. Sur terre, tout est complexe et comporte des apparences contradictoires : le bon et le mauvais s'entremêlent dans l'homme, la chose, l'événement. Mon tempérament me porte à toujours m'arrêter sur le côté positif pour le mettre en relief, sans m'attarder sur le négatif !

Je veux évoquer dans ce livre une part passionnante de ma vie, ma relation avec cette jeunesse formidable que j'ai vue à l'œuvre et qui restera à jamais dans mon cœur et ma mémoire.

C'est à elle que j'offre ces pages, miroir de son labeur et parfois même de son héroïsme.

Janvier 1997

PRÉAMBULE

C'est à vous que je m'adresse, jeunes de France et d'Europe, vous l'espoir de ce nouveau siècle prêt à éclore. Vieille femme de quatre-vingt-huit ans, j'ai vu le siècle dernier se terminer, j'ai été appelée dans les cinq continents pour répondre aux drames de la misère, de la violence et de la guerre, là où l'homme est un loup pour l'homme. Mais, partout, j'ai rencontré des jeunes, fonceurs, éclatants de dynamisme ; ils ne s'avouaient jamais battus, quelle que soit l'horreur des tragédies. Bien au contraire, elles paraissaient faire naître en eux un esprit de bataille et d'inventivité.

Si j'ai fait de ma vie un combat victorieux, c'est à eux que je le dois. Ils ont été pour moi comme un phare. Jeunesse de l'an 2000, je te passe le flambeau pour qu'à ton tour, tu puisses marcher, même dans la nuit, à leur lumière. Voici, je crois, le secret de leur réussite : ils n'attendent aucun secours du dehors, mais uniquement d'eux-mêmes.

Ils savent qu'ils ont des capacités cachées au plus profond de leur être, mais que, pour les faire jaillir, il leur faut sans cesse se battre contre le découragement qui les menace.

Ils s'acharnent, se font créatifs, audacieux, ils

inventent des planches de salut pour se jeter à l'eau au secours des autres, sans se soucier du danger car vivre, c'est risquer. Combien de fois n'ai-je pas vu naître sous mes yeux l'éclatante énergie de ces lutteurs, de ces « maîtres de l'impossible ».

1

COMMENT TOUT A COMMENCÉ

Juillet 1984.

Je suis au bidonville d'Azbet-el-Nakhl, au Caire, écrivant une lettre d'une main rapide : appel de médicaments à des amis.

Soudain, dans l'embrasure de la porte, se profilent deux visages à la blondeur inconnue ici. Un retentissant : « Bonjour, ma Sœur ! Nous arrivons de Belgique pour vous aider. » Je les regarde sans enthousiasme : que pourra faire ici cette jeunesse « nantie » au milieu de nos ordures ? Aller chercher chaque matin les poubelles des beaux appartements du Caire, les trier avec nos chiffonniers pour aller les revendre ?

Sans se laisser décontenancer par la réserve de mon accueil, l'un d'eux explique :

« Je m'appelle Henry et mon copain Olivier ; nous vous avons écrit.

– Oui, en effet, et je vous ai répondu d'attendre.

– Mais il ne s'agit pas d'attendre, ma Sœur. Nous sommes des étudiants de l'université de Louvain-la-Neuve en vacances. Et nous voulons vous aider à construire. »

Froidement, je réplique :

« Mais vous êtes étudiants ou maçons ?

– Étudiants, ma Sœur, mais nous avons regardé travailler un maçon et nos bras sont vigoureux. Nous sommes venus en éclaireurs ; les autres, filles et garçons, ne tarderont pas, nous sommes une dizaine. »

Je me sens de moins en moins enthousiaste. Cherchant à m'amadouer, Olivier intervient : « Vous comprenez, ma Sœur, nous sommes une bande de copains assez frivoles. On s'est inscrit à l'université, les parents y tiennent et paient les études mais nous, on veut s'amuser. Les études ne nous intéressent pas, la nuit on fait les quatre cents coups et le matin on dort, on sèche les cours... la belle vie, quoi ! Mais une vie idiote ! Ça ne sert à rien, ça ne va nulle part. »

Je le regarde : cheveux blonds coupés ras, teint rose, joues rebondies rasées de près. Il porte jean, T-shirt et baskets. L'étudiant européen type ! Quoi de commun avec nos chiffonniers aux cheveux noirs en broussaille, au teint olivâtre, aux joues poilues ? Ils portent une *galabeya*, sorte de robe, délavée, des sandales déchirées – quand ils ne sont pas pieds nus. Y a-t-il une relation d'égalité possible entre les « éboueurs » et ces jeunes gens de bonne famille ?

Henry a déjà repris la parole :

« Alors, Olivier et moi, on s'est dit : si on profitait des vacances pour faire quelque chose de valable ? »

Il me jette un coup d'œil : inquiet de voir mon visage toujours fermé, le pauvre garçon essaye de m'apprivoiser.

« On avait entendu parler de vous, Sœur Emmanuelle, qui vous battiez toute seule dans un bidonville. On a pensé venir vous aider à bâtir quelque chose de chouette !... »

Je souris d'un air moqueur et insiste à nouveau :
« Bâtir ? Vous savez faire ?

– On est allé regarder travailler un maçon. Il nous a dit que ce n'est pas difficile : on met les briques les unes sur les autres, c'est comme un jeu de construction ! »

Ils éclatent de rire tous les deux avec cette assurance frondeuse de la jeunesse.

Ils commencent à m'exaspérer.

Ils ajoutent que leurs parents ont l'habitude de leur offrir les sports d'hiver en Suisse, ils devaient partir avec leurs copains, mais ils sont arrivés à les faire changer d'option : « On a dit : "Écoutez, les gars, on file plutôt au Caire pour aider Sœur Emmanuelle. On va faire du sport-bidon dans son bidonville !" » Et ils éclatent à nouveau de rire, espérant cette fois-ci m'avoir convaincue. Olivier conclut : « Ils ont accepté : adieu le ski, en avant les chiffonniers, c'est chouette, non ? Ça ne vous plaît pas ? »

Si (c'est chic de leur part). Je suis séduite par tant de franchise et de spontanéité. Mais le problème n'est pas résolu pour autant. Je suis agacée par ces bonnes intentions si peu réalistes, je me demande vraiment ce que je vais bien pouvoir faire avec ces charmants jeunes gens. J'essaye de leur faire comprendre que leur bonne volonté ne suffit pas pour monter une bâtisse chez les chiffonniers. Mais devant leur expression totalement dépitée et pour me faire pardonner de les avoir ainsi mouchés, je leur lance un chaleureux :

« Je vais réfléchir, revenez demain. »

Ils partent, l'air sombre, leur bel enthousiasme refroidi par cette douche glacée...

Et c'est ainsi que tout a commencé.

Lorsqu'ils eurent quitté la pièce, je me mis à réfléchir. Qu'allais-je faire avec cette bande d'excités, avec ces jeunes trop gâtés par la vie – ils me l'avaient eux-mêmes avoué –, qui avaient quitté leur belle cité de Louvain-la-Neuve pour atterrir dans l'endroit le plus misérable du Caire ? Pure folie ! Je connaissais l'endroit où ils vivaient en Belgique : des maisons neuves tout confort entourées de petits jardins coquets, tracés au cordeau, parfaitement nettoyés. Nous, pauvres chiffonniers, ne vivons pas dans les beaux quartiers du Caire, dans les grandes villas enfouies dans la verdure, donnant sur des avenues bordées d'arbres. Nous n'avons à leur offrir que des ruelles pavées d'ordures puantes, des cabanes en vieux bidons troués, des rats qui courent entre nos jambes, des cochons noirs qui grognent en enfouissant leur groin dans les immondices. Quant aux puces, n'en parlons pas ! Nos jeunes freluquets allaient être dévorés !

D'ailleurs, une autre question se pose aussi : je suis très surveillée par la police. Quand je me suis installée dans cet endroit maudit où cette dernière avait elle-même peur de se rendre, j'ai été immédiatement l'objet de soupçons. J'étais sans aucun doute une espionne à la solde d'Israël, et grassement payée, bien sûr ! Un après-midi où j'étais absente, deux individus sont venus fouiller de fond en comble ma cabane. Ils n'ont naturellement rien trouvé de suspect mais continuent à m'avoir à l'œil. Que cette dizaine de loufoques viennent à commettre une bévue, aggravent la situation, et mon compte est bon !...

Et puis, ces filles et ces garçons ensemble, comment vont-ils se conduire dans cet univers où la mixité n'est pas tolérée ? Ils vont probablement scandaliser la population.

Non, c'est décidé : je vais leur dire d'aller étancher ailleurs leur soif de dévouement.

La nuit, dans ma cabane, je ne trouve pas le sommeil. J'essaye de prier : « Seigneur, ai-je le droit, en conscience, de renvoyer cette jeunesse ? » Elle vient vers moi, m'offrant son cœur et ses forces pour soulager un peu de la misère humaine. Pour des Belges qui n'ont pas de montagnes neigeuses, aller skier en Suisse est la merveille des merveilles ! Ils ont assez de cran pour remplacer la neige immaculée par la crasse, les sports d'hiver par ce qu'ils appellent, le « sport-bidon » ! Et moi je vais leur répondre froidement : « Allez-vous-en, on n'a pas besoin de vous ! ? »

Folie pour folie, ils n'ont d'ailleurs rien à m'envier, moi qui me suis installée ici, seule, contre vents et marées.

N'est-il pas salutaire, nécessaire même pour l'homme, d'être parfois un peu fou ? Ai-je jamais été moi-même une fille très équilibrée ?

À quinze ans, je m'enthousiasme pour le Père Damien : il s'est enfermé dans une île du Pacifique avec les lépreux qui y croupissent dans le désespoir. Naturellement, le Père a attrapé la lèpre mais il a transformé l'île de mort en un havre de paix. Je voulais un jour, moi aussi, m'installer au milieu des malades pour leur rendre l'espoir, et mourir lépreuse, comme eux. Si j'ai passé plus de vingt ans avec les chiffonniers c'est grâce à ce rêve d'adolescente. Un rêve que j'ai essayé de réaliser en 1971 en allant à la léproserie d'Agou-Zaabel, près du Caire. On m'avait parlé de la situation épouvantable des malades. C'était en pleine zone militaire – l'Égypte était alors en guerre avec Israël –, strictement interdite aux étrangers. La police m'a arrêtée ; j'ai frôlé la prison. Et je n'ai pas pu rejoindre la léproserie.

C'est alors que, grâce à monseigneur Bruno Heim, nonce en Égypte, j'ai fait connaissance avec le bidonville le plus mal famé du Caire, celui d'Azbet-el-Nakhl, et ai décidé de m'y installer, jour et nuit – comme le Père Damien –, pour aider ses misérables habitants à transformer leur vie.

Ce projet de me planter là, seule, dans un bouge, n'était-il pas complètement déraisonnable ? Et pourtant il a marché : les chiffonniers ont maintenant la tête hors de l'eau.

Toujours au milieu de mon insomnie, je pensais à la folie, à l'entêtement, à l'acharnement, à la force du désir qui sont les privilèges uniques de la jeunesse. Et je me disais : « Souviens-toi, Emmanuelle, de toi, jeune, tête de mule, acharnée dans tes engagements et que rien ni personne ne pouvait arrêter. Toujours à contre-courant. Toujours contre tous ces gens qui affirmaient : "Toi qui aimes les garçons, les toilettes, les fêtes et les rires, jamais tu n'entreras en religion, jamais tu ne te lieras aux règles d'un ordre !..." » Mais moi la coquette, la frivole, l'écervelée aux yeux de la société, je voulais me faire religieuse ! Comme d'autres veulent devenir médecin ou aviateur. C'était ma voie.

Et si ces jeunes étaient aussi déterminés que moi ?

Avec seulement cette détermination à vouloir aider l'autre, à être à ses côtés. Avais-je le droit de leur refuser la possibilité d'épanouir ce désir qui semblait si profond en eux ? Je savais bien que c'est ainsi que l'on bâtit sa vie. Avec cette volonté-là.

À cette époque, un autre bidonville, celui du Mokattam, était complètement abandonné, il n'y avait encore aucune activité. Ces jeunes qui veulent bâtir pourraient y construire un jardin d'enfants.

Ils arrivent sans craindre le risque et toi tu as peur de les recevoir ?

Allons, Emmanuelle, fais-leur donc confiance !

Le lendemain, j'ai devant moi une dizaine de solides gaillards, filles et garçons, au visage ouvert et interrogateur. « Ma Sœur, nous voilà, on vient aider à la promotion des chiffonniers, vous voulez bien de nous ? »

Cette fois, je leur parle avec un sourire : « Yalla, en avant, retroussez vos manches, on va s'occuper des enfants et leur construire un lieu pour les accueillir. »

Des hourrah ! me répondent. Nous nous engouffrons dans leur minibus et filons au Mokattam. Je profite du trajet pour entrer au cœur du problème : « Vous avez parlé de la "promotion" des chiffonniers. Qu'est-ce à dire ? » Les hommes qui ont dépassé la trentaine n'y croient plus. Je les ai entendus me dire : « Pour nous, jamais on en sortira, on est de la poubelle, on reste dans la poubelle. Ne te fatigue pas pour nous ! » Les moins âgés, au contraire, me poursuivent : « Nous, on veut en sortir, ne nous abandonne pas ! » La question est d'abord de leur rendre à tous l'espérance : « Non, vous n'êtes pas voués à être d'éternels chiffonniers, le rebut du Caire. » La *promotion* d'un homme vise à ce qu'il puisse prendre en main lui-même son destin pour le transformer. Il faut donc d'abord qu'il y croie :

« Oui, l'amélioration des conditions de vie est possible ; l'accès des enfants à l'école et des jeunes à l'alphabétisation est possible, avec aussi la formation professionnelle ; le recyclage sur place du plastique est possible avec celui des vieux vêtements grâce à des machines à cet usage, etc. »

Je remarque que les étudiants m'écoutent avec le plus grand intérêt. Je conclus : « Vous comprenez que votre venue au bidonville pourrait avoir un sérieux impact. C'est une manière de leur dire : "Yalla, chiffonnier, entrons ensemble dans la lutte, ta promotion est au bout du chemin." »

La réponse est chaleureuse :

« Bien sûr, ma Sœur, on est venu pour ça !

– Très bien ! Nous allons d'abord nous mettre en quête du curé de l'endroit, Abouna Semaan. C'est une sorte de saint. Il a quitté son poste de directeur d'imprimerie pour s'installer au Mokattam et tenter d'aider ces malheureux à se redresser, eux tellement avilis par la société ! Seule autorité locale – qui aurait accepté de s'investir ici ! – il est respecté et aimé de tous, chrétiens et musulmans. »

Il fait aux jeunes un accueil empressé, rien à voir avec le côté iceberg du mien. Il félicite la troupe : « Bravo, vous venez nous construire un jardin d'enfants, c'est par là qu'il faut démarrer ! C'est la base d'une nouvelle vie. Vous cherchez un endroit ? Venez, j'ai une idée. » Il nous amène dans un espace assez vaste, au croisement de trois ruelles.

Quel émoi à l'arrivée de ces grands blonds ! Nous sommes bientôt entourés d'une foule sympathique qui nous prodigue force sourires auxquels notre bande, ravie, répond, le visage illuminé.

Abouna explique aux habitants – qui ne savent pas où est la Belgique – que ces étrangers sont venus d'Europe pour bâtir un jardin d'enfants. Il n'y a guère de réactions. À cette époque l'école ne les intéressait pas encore, aucun n'y était allé ; à quoi ça sert ? Mais quand Abouna propose d'investir le lieu, ils commencent à s'agiter : où se baladeront les cochons ? Où jettera-t-on les ordures ? « Lêê, lêê, Abouna, mouch momkin ! » « Non, non, Père, c'est pas possible !... on veut pas ! »

Abouna est un homme sage. Il sait que ce sera déjà difficile d'amener les petits à l'école, alors ne commençons pas à prendre les gens à rebrousse-poil... Il connaît un brave homme, Abou Awad, qui veut vendre un terrain. Entendons-nous : « vendre »... ce qui ne lui appartient pas, puisque la terre est à l'État. Ici, tous sont des « squatters »... Mais celui qui a la « yad », « la main » sur un endroit, se déclare propriétaire des lieux et tirera un couteau contre celui qui voudra l'en déloger. Abouna sait tout cela. Est-on prêt à payer une certaine somme ? Nos Belges s'exclament : « Bien sûr ! Sport-bidon coûte moins cher que sport-d'hiver !... » On s'arrange donc à l'amiable... sans contrat, bien sûr : ici, c'est la parole donnée qui compte.

Nos bâtisseurs bénévoles commencèrent le jour même, aidés par un maçon égyptien.

Il fallait voir l'acharnement de ces jeunes à la tâche. Leurs bras leur servaient de bétonneuse car il n'y avait aucune machine pour fabriquer le ciment. Tout, si l'on peut dire, était « fait main ».

En quelques jours les murs de briques, puis le toit se dressèrent.

Les filles avaient plus de résistance physique que les garçons mais, quels qu'aient été le sexe et les conditions de travail, aucun ne se plaignait. Rien ne leur faisait peur : ni la sueur sous la chaleur accablante du mois de juillet, ni la saleté ni la puanteur, ni les énormes rats qui, la queue entre les pattes, les regardaient de leurs petits yeux vifs – car c'est intelligent, un rat !

De temps à autre, un chiffonnier arrivait, une caisse de Coca-Cola à la main. Il faisait sauter la capsule et offrait chaque bouteille, avec un sourire fendu jusqu'aux oreilles. Sous 40°, la soif vous tenaille. Les apprentis maçons laissaient tomber quelques instants leurs truelles, lançaient un reconnaissant « *Chokrane* » – « Merci » – et rafraîchissaient à goulées rapides leur gosier desséché. Les quelques mots arabes émis par les blonds étrangers avaient un effet énorme sur la population, étonnée et honorée qu'ils aient fait l'effort d'en apprendre quelques-uns comme : *merhaba*, bonjour, *kwayyes*, bien, *aywwah*, oui, *gamil*, beau. Ces mots, prononcés avec un fort accent belge, suscitaient les vivats carillonnants des gamins. Une atmosphère de famille, bon enfant, était créée.

Dans l'allégresse générale, le jardin d'enfants sortait de terre, très rapidement. Rien de ce que j'avais redouté n'était arrivé. J'étais ravie. J'allais pouvoir maintenant accueillir ici, au Mokattam, les enfants et plus tard répondre aux différents besoins de ces braves gens qui nous entouraient. Car je n'étais plus nécessaire au bidonville d'Azbet-el-Nakhl. Sœur Sara, de la Congrégation copte orthodoxe des Filles de

Marie, était venue y collaborer avec moi. D'autres Sœurs de sa communauté s'étaient jointes à nous. Jeunes, toutes des filles de choc. Elles s'étaient battues contre parents et amis pour entrer dans une communauté non cloîtrée. Être religieuse, égyptienne, et sortir du couvent pour soigner les malades et visiter les pauvres faisait scandale à l'époque. Mais elles tenaient bon. Nous partagions le même élan, le même amour des chiffonniers, le même désir de les remettre en selle. Elles voulaient, elles aussi, leur donner les moyens d'opérer leur promotion. À Azbet-el-Nakhl, les Sœurs avaient pris en main le jardin d'enfants flambant neuf. Les mamans, éblouies par la beauté des classes ornées de posters, avaient, l'une après l'autre, amené leurs petits. Le dispensaire, avec le docteur Aadel, ami des pauvres, accueillait les malades et l'atelier de couture commençait aussi à attirer de plus en plus de filles.

Je laissais un bidonville sur la bonne voie. Je n'avais plus qu'à m'y rendre de temps à autre pour participer au programme de développement. Yalla ! installons-nous au Mokattam pour y lancer les mêmes activités. J'ignorais alors que c'est sur cette colline qui surplombe la *Cité des Morts* – où vivent près de 50 000 habitants – qu'un nouveau quartier allait surgir. Pour l'instant, j'étais sans logement, mais j'avais sous la main une équipe ardente pleine de vitalité et qui faisait ses preuves. Demandons donc à ces jeunes Belges de m'aider pour un autre projet.

« Les gars, maintenant, faites-moi une cabane en bidons, comme celles de mes frères chiffonniers.

– Jamais de la vie, ma Sœur, on vous fait une pièce en dur, en briques.

– Non et non ! Je veux être logée à la même enseigne que les autres !

– Voyons, ma Sœur, essayez de comprendre. Nous on est des pionniers, on vient vous aider pour changer les choses. Il faut donner aux chiffonniers le goût d'une véritable maison et vous devez montrer l'exemple. Votre maison doit être le prototype et vous ne pouvez pas nous empêcher de le bâtir ! »

Comment résister à une telle logique ? J'ai cédé. Croyez-moi ou non, ce nouveau « chez moi » a eu des effets miracles.

D'abord sur moi-même. Je suis revenue sur mes idées préconçues, emballée par le potentiel et le ressort de ces étudiants nés coiffés, que j'avais jugés si sévèrement. Je les voyais travailler des heures durant, s'acharner au labeur dans des conditions très difficiles.

Tout a commencé avec eux et grâce à eux. Ils ont été chercher à Azbet-el-Nakhl mon lit et mes quelques affaires et ils les ont transportés triomphalement dans la chambre qu'ils avaient édifiée.

Ce modeste logis en dur a eu une influence formidable sur les autres. Ses murs blanchis à la chaux avaient leur langage. Ils disaient au chiffonnier : « Regarde-moi, un jour viendra pour toi aussi où ta misérable bicoque se transformera en vraie maison. » Année après année, le miracle s'est produit, des logements en dur sont apparus. Une jeunesse audacieuse a réussi à faire se volatiliser les milliers de cabanes d'une ville-bidon.

La grand-mère que je suis aurait eu bien du

mal à trouver dans sa propre jeunesse de telles qualités… « De mon temps », personne ne serait venu. « De mon temps », les jeunes de mon milieu social étaient peu ouverts sur le monde de la misère et de l'insécurité. La vie qui les attendait était si simple, si facile. Celui qui terminait ses études avait immédiatement accès au monde du travail. Quant à mes amies, elles attendaient le prince charmant au coin du feu, ou allaient au bal pour le rencontrer. Leurs frères étaient en quête d'une fille bien dotée ou même, selon l'expression courante, arrivaient à épouser « la fille et l'affaire » – celle du père qui partait en retraite. Tout était sûr, tout était tracé. L'aventure, le risque, et surtout les autres, les démunis, n'avaient pas de place dans leur trajectoire.

Pour ces jeunes que je venais de découvrir, il y en avait une, essentielle : la place du cœur !

2

JEUNES MOTIVÉS,
VOUS ÊTES FABULEUX!

Le 1er septembre 1982, le jardin d'enfants du Mokattam ouvrait ses portes. J'aurais tellement voulu inviter nos maçons bénévoles à cette séance historique, mais ils étaient retournés en Belgique.

Ils auraient sans doute été renversés de voir une pièce nue, sans bancs ni pupitres. C'est un équipement qui coûte cher et je n'avais, à l'époque, aucune ressource. Mais ici, ce n'est pas un problème : nos petits chiffonniers s'asseyent tout naturellement par terre, cahier et crayon à la main, ravis de cette rentrée en classe. Les étudiants de Louvain-la-Neuve leur permettaient l'accès à un univers nouveau.

Leur pugnacité fut aussi à l'origine de l'opération « 1 000 logements ». Sans l'audace et l'ardeur de cette poignée de jeunes bénévoles, jamais je ne l'aurais lancée. Et comme je manquais d'argent, j'étais bien décidée cette fois à accepter le concours de bras volontaires... s'il s'en présentait à nouveau !

Je me suis souvent demandé par quelles voies des groupes italiens, anglais, allemands, aussi bien que français et belges entendent parler des bidonvilles du Caire. J'étais alors une inconnue dont la presse, la radio et la télévision ne se souciaient guère.

Je suppose que plutôt que quelques articles de revue, c'est le bouche à oreille qui nous a fait connaître. Les jeunes voyagent facilement, nouent amitié et se racontent leurs aventures. Celle de nos amis belges était assez pittoresque pour éveiller chez d'autres l'intérêt et le désir d'agir.

Toujours est-il que je reçois un jour une lettre de Rome m'offrant de l'aide. Cette fois, je réponds sans hésiter : « Je vous attends ! Yalla ! en avant ! »

Yalla, en avant ! Ça n'a pas manqué. Je vois arriver une solide équipe italienne, une fille à leur tête :

« C'est nous, Sorella. On est prêts à l'embauche.

– C'est dur ici : construire, en plein bidonville... ordures, odeurs, rats et compagnie !

– Pas de problème, on est venu pour ça !

– Alors on démarre ! Au travail ! »

Visiblement, ils sont enchantés. Quel entrain, quelle allure décidée !

Cette fois-ci, tout avait été organisé. J'avais choisi les chiffonniers les plus pauvres : ils devaient préalablement abattre les parois en bidons. L'été nous facilitait la tâche puisque tout le monde couchait à la belle étoile. Les briques, le sable étaient apportés sur place ainsi que l'eau que nous achetions ! Mais, déveine, une cabane n'a pas été démolie, le père est tombé malade. Hors de question de demander à mes gars de déclouer ces parois en bidon dur, rouillé, noir de crasse. Mais ils protestent avec indignation : « Vous croyez, Sorella, qu'on a peur de se salir ? » Ils se saisissent de solides marteaux et se ruent littéralement sur les cloisons et vlan ! elles frémissent et se gondolent tandis que leurs têtes disparaissent dans un nuage de poussière noirâtre. Voilà bientôt ces jouvenceaux transformés en d'authentiques nègres ; épuisés mais heureux, ils rient de toutes leurs dents éclatantes de blancheur, tandis que deux autres gaillards se précipitent à leur rescousse : « Vous avez fait le plus dur, on vient vous aider ! »

Ils se sont acharnés, des jours durant, à faire avancer le chantier. Tôt levés le matin, ils ne s'arrêtaient que lorsque, exténués, la truelle leur tombait des mains. Ils s'écroulaient alors par terre, le regard fixé sur les briques solidement cimentées qui s'élevaient régulièrement vers le ciel. Quelques minutes plus tard, ils se redressaient : « On n'est pas venu ici pour se prélasser : Yalla, Yalla ! » C'était la formule magique, qui les lançait en avant !

Enfin, chaque famille a son logement terminé. L'allégresse est indescriptible. Tout le monde s'embrasse. On tourne autour des maisons, dans une danse effrénée. L'Italie et l'Égypte confondues, jeans et *galabeya* tournoient au même rythme. Un festin couronne la fête : sur la braise, un cochonnet rôtit sous nos yeux. Assis en cercle, à même le sol, ou sur des pierres, nous dévorons avec appétit les morceaux fumants, avec les doigts, bien sûr, cette fourchette d'Adam l'ancêtre qui savait se passer d'assiette et de couverts. Ça « goûte » mieux, comme on dit en Belgique !... Comment décrire les rires qui fusent, le charme inédit, pour nos invités, de ce dîner rustique d'adieu une cuisse de cochon à la main !

Le lendemain, un car vient les chercher pour les amener à l'aéroport.

Nous nous embrassons avec émotion. Je leur dis un vibrant :

« Merci !

– Ah ! ma Sœur, c'est nous qui vous remercions de nous avoir acceptés. On est arrivé ici plus ou moins moroses, on repart joyeux ; on a appris le bonheur de vivre : aider les autres. Et ça, on ne l'oubliera pas ! Pas plus que le cochonnet ! »

Et ils disparaissent dans un éclat de rire.

J'avais quitté l'Europe en 1931 et j'ignorais que l'on y avait oublié la gaieté et la légèreté. J'avais connu en Turquie, au Liban ou dans cette Égypte si misérable de tels moments de bonheur ! Je ne savais pas encore que l'Europe était morose et grise. Ces jeunes arrivés mornes et désemparés avaient appris à donner et à sourire. Même dans un pays où la misère et la précarité régnaient, avec une nourriture faite de haricots et les demeures en vieux bidons, les gens savaient danser et chanter. Ces jeunes Européens partaient en riant, car ils avaient rencontré la solidarité, et compris la relativité des situations.

Un verrou avait sauté, une porte s'était ouverte, des valeurs leur étaient apparues.

Et les chantiers se sont ainsi succédé, avec le même scénario : la poste m'apportait une offre de collaboration, je répondais : « Venez », et ils arrivaient, les uns après les autres.

Les Anglais, grands, dégingandés, secs et musclés, peu démonstratifs, bâtissaient et repartaient, fiers de leur travail consciencieusement accompli.

Les Allemands me remerciaient chaudement de leur avoir offert l'occasion de vivre une action humanitaire :

« Chez nous, Schwester, tout est tellement bien structuré qu'on ne peut rien faire !...

– Allons, qu'est-ce que vous me dites là... et les foyers pour handicapés, pour personnes âgées et enfants en difficulté ?...

– Impossible même d'y pénétrer. Ils exigent un permis officiel du ministère des Affaires sociales ou de la Santé ou de je ne sais quoi encore !

– Et à Noël ?

– Alors oui, ce jour-là tout est ouvert, mais une fois l'an ! Et nous, les jeunes, nous voulons nous rendre utiles, donner du bonheur à ceux qui souffrent. On devrait au contraire nous y engager ! »

Une jeune Bruxelloise, Fabienne, lors d'une visite au Caire en compagnie de sa tante, a été bouleversée par le sort des chiffonniers. Elle m'interpelle : « Je fais partie de "L'Oasis", groupe de jeunes Bruxellois. Je vais leur parler de la situation du bidonville. Nous devons agir, c'est trop injuste que nous ayons tout et eux rien ! Il faut que vous veniez nous parler en Belgique. » À cet âge, tout roule en vitesse. Ils m'appellent pour une tournée de conférences, partout je tombe sur des jeunes déjà gagnés par enthousiasme et qui ont entraîné parents et amis. Grâce à un pareil moteur, le jardin d'enfants va recevoir un bel équipement. Mais ce n'est pas fini ! Ils décident de fonder une association : « Les Amis de Sœur Emmanuelle » qui ira se développant et collaborera avec celle de Paris quand elle s'établira à son tour : quels fruits en recueilleront les trois bidonvilles et plus tard le Soudan !

Mais bientôt, c'est un centre sportif pour le bidonville du Mokattam que les étudiants belges de l'Université de Louvain décident de faire surgir de terre. Ils mobilisent la presse : *La Libre Belgique* ouvre une souscription. Une fastueuse fête au profit du chantier est organisée à l'Université. Les chèques pleuvent. Le terrain est acheté en plein bidonville. Les travaux peuvent commencer.

Mais malheur ! des tonnes d'ordures amoncelées depuis des années sur le lieu font reculer les ouvriers. Ils sont venus pour bâtir, mais ne toucheront pas à cette montagne d'immondices pestilentielles. Les étudiants de Louvain nous ont trouvé l'argent... mais tout est bloqué ! Qui va sauver la situation ?

Heureusement que, par chance, un groupe de jeunes Français, fraîchement débarqués de l'aéroport, arrive au bidonville, la bêche sur l'épaule, pour offrir son aide. Je les emmène devant la montagne d'ordures. Je vois encore l'un d'eux, Benoît, jeune enseignant à Paris, enlever prestement son T-shirt et, le torse nu, planter sa bêche au milieu des détritus tel un alpiniste son fanion au sommet de l'Annapurna... Les autres l'imitent. Du coup, ils ont bousculé les ouvriers du Caire. En voyant ces jeunes étrangers bénévoles s'attaquer aux ordures, ils se sentent honteux de leur réticence, se regardent, se lèvent, et entrent à leur tour en lice...

Ce club compte aujourd'hui des centaines de jeunes chiffonniers qui viennent le soir jouer au football, s'adonner au judo, monter des pièces de théâtre, faire du bricolage, s'organiser en troupe de scouts. Ils se retrouvent là, se défoulent et s'amusent, échappant ainsi au bistrot du coin avec ses vapeurs d'alcool à bas prix et ses volutes de haschich.

Qui osera dire que tous les jeunes des pays

développés ignorent la solidarité avec le tiers-monde ?

Certains, pris au jeu, décident de prolonger leur aide, comme Élisabeth et Sylviane. Je les revois encore, assises au milieu d'enfants qui se pressent pour contempler les dessins coloriés inventés par elles pour enseigner les premières règles de l'hygiène. Les images décrivaient les aventures de Fouad et Myriam pieds nus, qui mangeaient avec des mains sales, avalaient des restes de poubelle, laissaient les mouches couvrir les plats, etc. Sur une autre page, ils étaient couchés, tout pâles, le visage tourmenté par la maladie. La suite se passait dans la cabane :

« Maman, il ne faut pas marcher comme Fouad – de l'image – sans sandales. Un méchant microbe est entré dans son pied, on a failli le lui couper ! »

Puis, le petit enfilait ses sandales pour se protéger du verre cassé, des boîtes de conserve jonchant le sol qui coupaient dangereusement les pieds.

Ou encore : « Maman, on va manger, mais pas avec les mains noires comme Myriam – de l'image. Elle s'est empoisonnée. Et on a dû lui enfoncer un tube dans le ventre ! Regarde le beau savon. »

Et le savon passait de main en main, tandis que l'enfant versait gravement de l'eau sur les paumes recouvertes de mousse sombre.

Sylviane, une jeune Belge, avait commencé à venir à quinze ans. À son premier voyage, ses parents ne voulant pas l'aider, elle avait travaillé dur pour pouvoir se payer le billet d'avion Paris-Le Caire, qui est toujours à la charge des jeunes qui viennent sur un chantier. Entre quinze et vingt ans, elle nous arriva à chaque Noël et à chaque Pâques. Puis un jour elle décida de rester. Elle vécut deux ans en plein bidonville. Elle partageait ma vie, dans les mêmes conditions plus que précaires, au milieu des ordures, mangeant la nourriture des chiffonniers et dormant dans ma cabane – en dur, un vrai luxe ! Elle repérait les petits handicapés et les amenait chez des spécialistes qui les soignaient gratuitement ; elle obtenait à l'arraché une hospitalisation ou une opération redressant un pied. Elle arrivait à améliorer la vue de l'un, l'ouïe de l'autre, à faire marcher un troisième. Elle en a fait des miracles, durant le temps passé au bidonville ! Fort heureusement, son père, praticien réputé appelé à travers le monde, n'est jamais venu visiter le lieu où « opérait » sa fille !

En juillet 1985, alors que le Mokattam se développait à son tour grâce à l'action de Sœur Sara et des Filles de Marie – dispensaire, école, couture –, je suis partie dans un troisième baraquement : celui de Meadi-Tora. Voilà comment. Une de mes amies, Margherita, s'y rendait parfois et insistait pour que je m'y insère et collabore avec les chiffonniers à leur promotion, comme dans les deux autres bidonvilles.

C'était toujours le même problème : leur donner l'espoir, leur faire comprendre qu'ils pouvaient devenir eux aussi des citoyens à part entière et dans ce but venir se battre avec eux.

J'avais donc été les visiter. Je passe devant l'auto de deux bonnes demoiselles et je les vois, assises sur les pliants qu'elles avaient apportés, faisant le catéchisme à une bande de petits chiffonniers sales et en haillons. Elles leur apprennent leurs prières et les laissent partir pieds nus dans les ordures. Elles me racontent alors qu'elles viennent deux fois par semaine leur expliquer « la religion », puis elles remontent « pieusement » dans leur auto.

Je sens la révolte gronder en moi. C'est ça la « religion » ? Parler de prière à des enfants en les laissant croupir dans l'ordure ? C'est ce qu'il a fait, lui, le Christ ? Il parlait, certes, du Royaume de Dieu, mais il partait à l'appel des souffrants et s'intéressait spécialement aux malades, aveugles, paralytiques auxquels il rendait la vie et l'espoir en les guérissant.

Je suis tellement révoltée que je décide sur-le-champ de m'installer ici pour veiller à la santé et à l'éducation des enfants.

Commençons par une cabane en bidons – la même pour tous –, en attendant l'argent et l'aide ; nous pourrons alors construire un dispensaire, un jardin d'enfants, un centre d'alphabétisation et de loisirs.

Aussitôt dit, aussitôt fait. Nous sommes en plein mois d'août. Pour ma chance, Dany débarque. Secrétaire à la Communauté européenne, elle avait choisi le bidonville pour y passer régulièrement ses vacances. Elle arrivait, les sacs remplis de médicaments de base. Elle soignait les plaies, débarrassait les cheveux de leurs locataires, lavait les pieds comme les têtes et récompensait les enfants de leur patience par un baiser et un bonbon. Selon son habitude, elle partage ma cabane et résiste mieux que moi à la canicule et à la fatigue. Elle me rafraîchissait quand j'étais à bout de résistance. Elle me répétait d'un petit air coquin : « Faut pas s'en faire, Sœur Emmanuelle, tout passe. » Le khamsin commence à souffler : ce vent venu du désert vous plonge dans une chaleur de 40°, vous dessèche le corps et la bouche, vous fait suffoquer à la recherche d'un peu d'air frais. Dany file au Caire, achète quelques mètres d'un tissu léger, me coupe et me coud prestement une robe *galabeya* du genre bidonville, et me l'enfile triomphalement... ah ! quelle merveille, elle me métamorphose en chiffonnière et me permet de respirer !

Des jeunes arrivaient de partout ; ils s'entendaient parfaitement avec les Égyptiens : comme pour nos premiers amis belges, ils s'enrichissaient mutuellement.

Deux Sœurs de la Communauté charismatique s'offrent pour une année : Ottilia, charmante brune portugaise, et Béatrice, fille bouillonnante assez boulotte. Elles s'attaquent d'abord à la langue arabe, si complexe, et arrivent à se débrouiller. Quelle vie elles ont apportée à Meadi-Tora ! Elles collaboraient avec les monitrices égyptiennes qui leur faisaient connaître le terrain et les problèmes des familles. Ottilia allait s'asseoir dans les cabanes, berçait les bébés, donnait, en amie, des leçons d'hygiène aux mamans. Béatrice semait la gaieté au jardin d'enfants. Armée de son accordéon, elle faisait chanter et danser nos petits. Rien ne l'arrêtait :

« Sœur Emmanuelle, ce serait chouette si on avait une piscine pour laisser barboter nos gosses !

– Idée mirobolante, il ne manque que l'eau !

– *No problem*, on va commander un camion-citerne. »

L'ami Guirguis (Georges), notre entrepreneur, eut vite creusé et cimenté un bassin de quatre mètres sur trois et nous amena l'eau sous l'œil émerveillé de la population.

L'organisation était sans faille. Béatrice avait fait confectionner des maillots que les gosses enfilaient en se trémoussant de plaisir. Puis elle leur lavait les pieds, un à un, et, fous de joie, ils bondissaient par groupe de quatre ou cinq dans l'eau hyperjavellisée, hygiène oblige.

Le soir, nous nous réunissions toutes les trois pour chanter les louanges du Seigneur. Ce fut une année extraordinaire. Avec elles, je retrouvais mes vingt ans !

Mais Sœur Sara et moi, nous voulions plus que quelques mètres cubes d'eau pour y tremper nos petiots. Nous faisions un rêve :

« Emmanuelle, le lac d'Ismalaya serait un lieu merveilleux : situé à 150 km du Caire – Alexandrie dépassait les 300 et la mer y était dangereuse – il offrait une eau tranquille, peu profonde sur les bords avec des plages de sable doré. De généreux donateurs nous avaient permis d'acheter un beau car pour le transport.

– Sara, cherchons un ami argenté ! »

Un jour, arrive un Hollandais à l'aspect froid mais au cœur chaud qui avait entendu parler des chiffonniers. Nous lui proposons d'emmener un groupe d'enfants à Ismalaya. Nos gosses, voyant pour la première fois une pareille étendue d'eau, poussent des you-you d'admiration éperdue. L'ami hollandais en est tout retourné et concrétise son émotion par un chèque conséquent qui permet d'acheter une villa. Et Sara de me montrer la grande plage de sable doré attenant à la maison.

« Emmanuelle, regarde, voilà le terrain où nos chiffonniers pourront jouer et se baigner !

– Sara, attends, ça viendra ! »

Et c'est venu, là encore grâce à l'arrivée d'un

groupe de jeunes scouts, flanqués d'un abbé plein d'initiatives, Robert, dit Bob. Ils plantent leurs tentes dans le sable de nos rêves : la propriétaire non sans raison entre en courroux. Il faudrait décamper, mais tout se termine par une formidable BA scoute : rentrés en France, nos hôtes lancent l'opération : « Plage chiffonniers », leur escarcelle se remplit. Un chèque nous arrive et tout se termine par l'achat de la plage rêvée ! Les Français viennent ainsi nous seconder, de plus en plus nombreux, déterminés à élargir leur action. Car l'histoire ne s'arrête pas là. Gérard, vingt-cinq ans, travaille à l'ambassade de France et apparaît souvent pour nous aider. Il me confie :

« Ma Sœur, j'ai un projet. Je vais lancer en France l'association : "Les Amis de Sœur Emmanuelle" pour récolter des dons et multiplier les activités.

– C'est une idée géniale, Gérard, mais on ne crée pas une association, comme ça, à l'aveuglette.

– Pas de problème (c'est la formule magique, ici, en Égypte). Je vais mettre dans le coup l'ambassadeur, Bruno de Leurre, c'est un homme bon, intelligent ; il pourra présider l'association et tout marchera comme sur des roulettes. »

C'est grâce à Gérard et à quelques copains de son acabit que l'association des Amis de Sœur Emmanuelle a vu le jour.

Quelques années plus tard, Benoît – celui qui était monté à l'assaut du tas d'immondices – crée Asmae (Aide socio-médicale à l'Égypte) qui deviendra l'aide socio-médicale à l'enfance. Benoît et son ami Éric m'ont fait parcourir la France, du nord au sud, d'est en ouest, multipliant les conférences et les rencontres. On sillonnait les routes en voiture, à 140 à l'heure. On arrivait aux rendez-vous sur les chapeaux de roues. Ah, que c'est bon d'être jeune !

Le petit appartement parisien de Benoît sert de bureau pendant des années ; jusqu'au jour où l'association peut se payer un local. Éric s'y installe, lui qui avait un bel avenir dans la fonction publique où il avait monté une remarquable exposition de documents inédits sur Richelieu le fondateur de l'Académie française. Éric était le genre de garçon qui préfère « servir » que « gagner ».

En 1986, Benoît et Éric m'ayant fait venir à Paris – sur des vols gratuits qu'ils avaient obtenus, je ne sais comment, par Air France –, ce dernier me prend à partie :

« Sœur Emmanuelle, il faut vous décider à passer à la télévision : ça c'est de la pub !

– Mais, Éric, on ne va pas comme ça à la télévision quand on n'est pas connu.

– Oh, il n'y a qu'à s'acharner. Je leur ai téléphoné au moins vingt fois. La dernière fois, excédés, ils m'ont répondu : « Ça suffit de nous casser la tête, amenez-la-nous, qu'on n'en parle plus de votre sœur Machinski !

– Emmanuelle...

– Bon, Machinskemmanuelle ! Qu'elle vienne une fois... »

Éric rit de bon cœur en racontant cette anecdote. « Oh ! ce sera plus d'une fois... on les aura ! »

Et de fait, grâce à la pugnacité de ce jeune, j'ai pu monter souvent sur un plateau. Après chaque passage télé, les mandats et les chèques tombaient comme une manne : la pub permettait à des milliers d'enfants en détresse de survivre et d'aller à l'école... Finalement, « Asmae » et « Les

Amis de Sœur Emmanuelle » ont décidé de joindre leurs forces pour amplifier leur influence. Aujourd'hui, plus de 60 000 membres secourent 50 000 enfants dans dix pays.

Je n'en finirais pas si je voulais tous vous les présenter : pour vous, filles et garçons, l'obstacle est matière à action, comme disait l'empereur Marc Aurèle. Je vous revois, vous attaquant, bêche à la main, au sol dur comme une pierre d'Azbet-el-Nakhl : les muscles tendus, les lèvres desséchées par la chaleur, vous ébranliez la terre pour creuser les fondations de la nouvelle école. J'entendais les ouvriers égyptiens, attelés à la même tâche, dire entre eux :

« *Ya salam !* »

Expression consacrée devant tout ce qui vous renverse. *El Katakit dol chatrîne* – littéralement, ces petits poussins (jeunots), de vrais Superman ! – Et eux-mêmes redoublaient alors d'ardeur au travail…

Quand la sueur ruisselait sur ces corps peu habitués à un été torride, j'intervenais :

« Allez, stop, on va se mettre un peu à l'ombre sous la tente.

– Mais ma Sœur, on n'en veut pas d'ombre ! Fonder une école pour ces petits chiffonniers, c'est leur donner la chance de leur vie ! Ça vaut la peine de se crever ! »

Le soir, « crevés » mais heureux, ils mangeaient le « foul », ces fèves noires, nourriture habituelle des *pauvres gens*. Ils s'étendaient ensuite sur le sol pour dormir à la belle étoile sans se soucier des queues de rats qui leur balayaient les pieds.

Aujourd'hui, chaque matin, le bidonville se vide. Des centaines d'écoliers, sac en tissu au bras, marchent d'un pas rapide pour arriver à l'heure en classe. Demain, ils ne seront plus comme leurs parents, le rebut méprisé du Caire; mais des hommes et des femmes debout, ayant leur place dans la cité.

Vous aviez raison, jeunes gens, cela valait la peine de « se crever ». Ah! j'ai eu tort de douter de vous: quand vous êtes motivés, vous êtes fabuleux!

3

CULTURES EN CONFRONTATION

Le fait de se côtoyer chaque jour pendant plusieurs semaines mettait respectivement les jeunes Européens et les chiffonniers en face d'une culture diamétralement opposée à la leur. Quels furent les effets de la nouvelle manière de vivre qu'ils présentaient les uns aux autres ?

Les uns arrivaient d'Europe où, pour ne pas être victime d'un sentiment perpétuel de frustration, le problème majeur consiste à gagner le plus d'argent possible. Dans une civilisation où tout est organisé pour vous inciter à « consommer » un maximum, la pub à longueur d'annonces et d'émissions, l'offre incessamment renouvelée aboutit nécessairement à une insatisfaction perpétuelle : on a à peine le temps de jouir de l'objet rêvé qu'il faut s'en procurer un autre encore meilleur. Celui qui n'a pas les moyens de suivre cette course effrénée se sent rejeté de la société.

Et voilà nos jeunes, habitués à ce mode de vie, catapultés dans un lieu privé de centres commerciaux, de néons et de cinémas, des mille chimères de la société de consommation. Mais, c'est sinistre ! Le mariage ? On cloue ensemble quelques vieux bidons, on les recouvre de cartons et d'images provenant de la poubelle et la chambre nuptiale est prête ! La garde-robe ? Une *galabeya* délavée et une autre plus propre pour les jours de fête. Le travail ? Trois cent soixante-cinq jours moins quatre ou cinq de vacances à la fête de la Vierge, au mois d'août. L'unique distraction, c'est ce pèlerinage en haute Égypte où tous, musulmans et chrétiens, se rendent dans l'allégresse après une prière à Marie – vénérée aussi par l'Islam : une foire populaire offre à tous ses attractions à bon marché. Et la nourriture ? Composée chaque jour de foul, fèves noires, et salade.

Mais alors, la jeunesse est condamnée au désespoir ? Eh bien pas du tout ! Elle rigole, elle s'esclaffe à tout bout de champ autour d'un simple verre de thé.

Nos étrangers sont éberlués, ils en discutent entre eux. Sans intervenir, je les écoute :

« Dis donc, Claude, ils paraissent vivre ici sans problèmes, c'est incroyable, dans une misère pareille !

– Eh bien, au moins, ils n'ont pas d'impôts à payer, pas de chômage, pas de soucis pour le lendemain, répond tranquillement Claude, vingt-trois ans et barbichette rouquine.

– Tu parles ! Ils naissent, vivent et meurent dans ce bidonville misérable. Qu'est-ce qu'ils ont comme divertissement ? *Nitchevo.* Et tu as remarqué, ils ne peuvent même pas parler aux filles ! C'est sinistre ! Tu supporterais ça, toi, le beau mec qui a du succès auprès des nanas ?

– Bien sûr que non ! Mais c'est bizarre : je suis autrement plus heureux ici qu'en France !... »

Jeannot, vingt-cinq ans, grand, musclé, habitué des boîtes parisiennes, donne son avis :

« C'est vrai, moi, je me sens bien dans ma

peau : je me passe très bien des nuits de la capitale. »

Isabelle, vingt ans, cheveux blonds à la garçonne, intervient :

« En tout cas, je ne voudrais pas être femme ici. Vous les avez vues, les malheureuses ? Ce sont des esclaves, elles ne sortent jamais !

– C'est vrai mais c'est tout de même drôle, elles paraissent plus épanouies que les femmes libres de chez nous ! »

Isabelle, les yeux fixés au loin, reprend :

« Elles portent toujours un bébé sur les bras même en triant les ordures de leur main libre. Ça vous dilate le cœur un bébé ! Ici la famille n'est pas éclatée. Tu les vois, assis par terre, mangeant, parlant et riant ensemble !

– Il y a tout de même un mystère, reprend Jeannot. À Paris où je m'amuse à gogo, où j'ai tout à gogo, je me sens souvent le corps lourd et l'âme vide. Ici, je sifflote toute la journée, je suis léger comme un moineau. »

Yvette, la benjamine – dix-huit ans à peine –, met le groupe en ébullition en posant la question cruciale :

« Alors les copains, qu'est-ce que c'est le bonheur ? »

Les réponses fusent : « Accepter la vie, comme elle vient ! » « Supprimer en soi le désir, comme Bouddha. » « Partager les bons et les mauvais jours ; ici personne ne vit seul ! »

Après un court silence, Isabelle reprend :

« Vous n'y comprenez rien, le bonheur c'est de s'aimer. Vous n'avez pas remarqué comme les grands s'occupent des petits, comme tout le monde se connaît, s'interpelle ; les portes sont toujours ouvertes : on entre chez la voisine, on boit le thé ensemble, on se prête les affaires, on vit dans la fraternité !

– Chez nous, opine Claude, les appartements sont verrouillés, on habite sur le même palier et on ne se connaît pas, on est morose. Ici, moi je souris à tout le monde et tout le monde me sourit !

– Tu ne regardes plus ton nombril, mon pote ! Et vous, ma Sœur, qu'est-ce que vous dites de tout ça ?

– Je dis que vous devenez philosophes, vous cherchez le sens à donner à la vie et je crois que vous le trouvez.

– Yalla, s'exclame Isabelle, la vie est belle quand on s'aime ! »

Un brouhaha de vivats lui répond. Et Claude conclut :

« Il est tard, les enfants, on doit se lever tôt demain. Allons dormir. Bonne nuit la compagnie ! »

Chacun s'allonge sur son sac de couchage, les yeux dans les étoiles.

Le plus passionnant, c'était lorsque les jeunes Européens et les chiffonniers parlaient ensemble, le soir, autour d'un Coca-Cola. Une question brûlait les lèvres de nos Égyptiens. Ce qui les intriguait le plus, c'était la bonne camaraderie entre garçons et filles. Je leur servais d'interprète.

Guirguis-Georges, mèches noires lui collant au visage, se jette à l'eau le premier :

« *Aandokom, el banât horreyine ?* Chez vous, les filles sont libres ?

– Bien sûr, on est en classe ensemble, on fait du sport ensemble, on se balade ensemble.

– Et vous vous mariez à quel âge ?

– Oh, le plus souvent vers trente ans. »

Heureusement, ils prennent bien garde de ne pas raconter qu'ils vivent ensemble sans se marier, ce qui est impensable ici et provoquerait un terrible scandale !

« C'est bien tard, ici, c'est à quinze, seize ans pour les garçons et à douze, treize ans pour les filles.

– C'est très tôt ! Et c'est permis par la loi ?

– Non, mais pas de problème... on falsifie l'extrait de naissance. »

Nos jeunes Européens s'étonnent de cette outrecuidante facilité mais ne font pas de commentaires.

Je tiens essentiellement à remettre en question la vision de la femme qu'ont les hommes du bidonville. Aussi, je me fais un peu provocatrice :

« Fayez, *Oûl el hak*. Fayez, dis la vérité, tu bats ta femme !

– *Ommâl*, naturellement. Les femmes ne comprennent rien, on est obligé de les battre ! »

Un tollé général accueille ses propos. L'assistance est secouée d'indignation et Isabelle s'exclame :

« Qu'un homme ose seulement me menacer et je le balance par terre : j'ai appris le judo, moi ! »

Le bidonville est suffoqué mais se tait.

Béatrice, air timide, cheveux bien tirés, s'enquiert :

« Pourquoi serions-nous moins intelligentes que les garçons ? »

Cette fois, les chiffonniers sont embarrassés. Moustafa, un charmant musulman, essaie de se faire aimable :

« Vous les Françaises, vous êtes différentes. Il n'y a qu'à regarder la Sœur. »

J'interviens :

« Moustafa, c'est une question d'éducation. Vous gardez ces filles enfermées dans leur cabane sans rien voir ni entendre de ce qui se passe à l'extérieur. Vous, mesdemoiselles, vous avez toutes été à l'école ? » Un rire en cascade me répond : « Nous sommes toutes à l'université. » Le bidonville est au bord de l'ébahissement. Ça dépasse l'imagination.

Isabelle, le regard batailleur, reprend :

« D'abord, pourquoi marie-t-on les filles à douze, treize ans ? Qu'elles aillent à l'école au moins jusque vers seize ans. Comme ça, elles n'auront plus besoin d'être battues pour comprendre ! » J'entends avec joie la réponse de Moustafa : « *Mouch battâl !* pas mal ! » Allons, il y a de l'espoir. Je profite alors de la situation. « Medressa, l'école, c'est le plus important. Je compte bientôt en bâtir une pour les filles et les garçons. Vous allez m'aider à persuader les parents. Et vous verrez que les Égyptiennes n'ont rien à envier aux Françaises ! »

On se quitte sur une bonne poignée de main, y compris entre filles de France et garçons du bidonville…

Un voile commence à se déchirer devant leurs yeux : la gent masculine n'a pas le monopole de l'intelligence, la gent féminine a droit au respect.

Je suis témoin qu'à partir de ce jour, quelque chose a commencé à changer dans leur mentalité. Cela ira s'accentuant, à mesure que nos filles recevront la même instruction que leurs frères. D'ailleurs, elles n'ont pas attendu pour faire à ce sujet une sorte de révolution, qui aurait été impensable pour leurs mères. Au Mokattam une belle école a été ouverte avec Sœur Sara et ses

Sœurs et une bonne équipe de laïcs. Les classes s'arrêtaient à la fin du collège. À l'examen officiel en 1994, 38 garçons sur 40 réussissent, 30 filles sur 30 échouent. Stupeur des professeurs. Explications données : « Les garçons ont triché en anglais, nous on a été honnêtes, on n'a pas voulu, on a rendu les feuilles blanches. » Il y a quelque chose qui se cache dans cette histoire. Je finis par avoir la clé du mystère.

Voilà l'aveu de l'une d'entre elles :

« Les Sœurs ne nous construisaient pas de lycée. Les garçons sont libres, ils pourront aller hors du bidonville, mais nous, les parents ne nous laisseront jamais – alors on a préféré redoubler – sinon nous serions mariées dans l'année – ça, on n'en veut à aucun prix. On veut terminer le lycée, avoir dix-huit ans, et choisir nous-mêmes notre vie ! »

Sœur Sara et moi nous les avons grondées, d'avoir agi ainsi en cachette, mais au fond nous étions ravies. Ces femmes-là allaient un jour transformer le bidonville.

L'ami de toujours Jean Sage nous a trouvé la somme nécessaire pour bâtir le lycée « Basma Sourire ».

« Sourire » accueille maintenant les chiffonnières : « Ce que femme veut, Dieu veut ! »

Et la mentalité de nos jeunes d'Europe, aura-t-elle évolué, elle aussi ? Je le crois car j'en reçois des échos. Au hasard des voyages, là où je suis appelée pour donner des conférences, je rencontre nos « *Chatrine* », les « héros » des chantiers. J'entends l'un ou l'autre me dire avec conviction : « Ah, ma Sœur, quelle leçon j'ai reçue chez vous ! Maintenant que j'ai appris à vivre dans la fraternité, je ne peux plus vivre enfermé dans mes petits problèmes. S'intéresser aux autres, ça vous en donne du tonus ! » Et tous affirment avec la même pointe de nostalgie dans la voix : « Ah, quand on travaillait au bidonville, c'était le bon temps ! »

Une sorte d'osmose s'est finalement opérée entre deux cultures : celle de l'Europe entraînée à la dérive dans son tourbillon de consommation et son individualisme, et celle du bidonville jouissant de la solidarité mais privant la femme de sa dignité et l'enfant de l'instruction.

Comme en toute relation profonde, les deux parties se sont enrichies du meilleur de l'autre : nos Européens ont compris la valeur essentielle de la fraternité et nos chiffonniers ont reconnu le droit de la fille au respect et de l'enfant à l'école.

La rencontre de deux cultures, non dans le face-à-face, mais dans le coude à coude, produit une révolution où chacun grandit en humanité.

4

TANT QU'IL Y A DE LA VIE...

Depuis juillet 1984, la dynamique enclenchée dans le bidonville par les vagues de jeunes Européens ne s'était pas arrêtée. Les écoles d'Azbet-el-Nakhl et du Mokattam allaient de l'avant ; un jardin d'enfants s'était ouvert dans le troisième bidonville de Meadi-Tora. De jeunes infirmières de France et de Belgique étaient venues nous aider dans les nouveaux dispensaires, les clubs de loisirs du soir, sur le modèle de celui du Mokattam, se développaient chez les chiffonniers.

En novembre 1985, en plein travail dans ces ruches bourdonnantes, m'arrive une lettre : « Sœur Emmanuelle, le Soudan est dans la détresse, venez vite à son secours. » Elle était signée Simone. À l'époque, je ne connaissais pas bien cette femme admirable qui avait pris en main la cause des enfants de Khartoum ; elle deviendra l'âme de toute une organisation où nous allions collaborer. Mais, je dois l'avouer, ma réponse fut d'abord non : « Les trois bidonvilles débordent d'activité, comment puis-je les abandonner ? »

Mais l'appel se faisait de plus en plus pressant, accompagné de descriptions apocalyptiques de ce qui se passait au Soudan. Le Sud était dévasté par la famine et tout le pays ravagé par une guerre civile qui divisait religieusement et idéologiquement le Nord et le Sud. Les Soudanais mouraient par millions. Les mères, désemparées, étaient seules, séparées de leurs maris qui se battaient au loin.

Elles fixaient le Nil toujours sans felouques, le ciel sans avions, la route sans camions : rien, aucun secours. Elles observaient leurs enfants : leur corps se ratatinait, leur crâne se dénudait, la chair disparaissait et bientôt elles ne verraient plus que des cadavres. Alors, elles ont mis dans un petit sac ce qui restait de sorgho et elles ont dit à leurs fils : « Mon enfant, tu ne dois pas mourir, pars, avance, marche cent, cinq cents, huit cents kilomètres jusqu'à Khartoum... où tu seras sauvé... Avance, et, si tu tombes, relève-toi, jusqu'à ce qu'un chauffeur te prenne sur son ballot de marchandises ou qu'un train t'emporte sur le toit. Marche, toujours en avant. Fixe la route, sans relâche, jusqu'à Khartoum, c'est la route de ta vie, c'est la route de l'espoir. Tiens bon, tu ne dois pas mourir ! »

Elles n'ont pas fait partir leurs filles : on n'envoie pas des filles sur la route ! Ceux qui sont restés, femmes, enfants, vieillards, sont tous morts, par centaines de milliers... privés de sépulture : qui aurait eu la force de creuser la terre !

Eux, les fils, ils ont marché, la longue marche de la faim, de la survie. L'un d'eux, Louwal, a été pris par un marchand d'esclaves qui l'a vendu. Mais un jour, il est arrivé à desserrer ses liens. « Marche, marche », il est reparti, « relève-toi si tu tombes, avance, tu ne dois pas mourir », la voix de sa mère résonnait en lui ; mètre par mètre, kilomètre par kilomètre, il avançait. Un train est passé ; il a grimpé sur le toit. Nous l'avons trouvé à Khartoum, à moitié mort, au milieu de milliers d'autres qui, comme lui, s'étaient acharnés à ne pas mourir, dans le souvenir de leur mère. Leurs yeux, enfoncés dans leurs orbites, appelaient au secours.

En lisant ce récit d'horreur, comment résister aux cris de cette détresse ? Sœur Sara, ses Sœurs et son équipe restaient, je n'étais donc pas indispensable. C'est ainsi que je me suis finalement envolée pour le Soudan. Me voilà déambulant avec Simone dans les rues de Khartoum. En voyant passer une religieuse, une lueur d'espoir s'allumait dans leurs yeux. Ils enfonçaient leurs longs ongles dans ma chair en me disant : « *Ana maaki*, moi avec toi. » C'était un spectacle lamentable que de les voir ainsi, se traînant sur le sol, en squelettes ambulants. Seul le regard gardait une étincelle de vie. Ils étaient 7 000. Comment trouver assez d'argent pour remplir ces ventres affamés ?

Je suis partie en France et j'ai « gueulé ». « Vous n'avez pas le droit de laisser crever vos frères et vos sœurs. Vous, les jeunes, parfois trop nourris, vous les hommes et les femmes qui ne connaissez pas la torture de la faim qui tue. » Un grand vent de solidarité a soufflé alors depuis la France jusqu'au Soudan. C'était le souffle de l'espoir. À Paris, les sacs postaux bourrés de mandats et de chèques s'accumulèrent dans le petit appartement de Benoît, qui servait alors de local à l'association Asmae qu'il avait fondée. Il fit appel à toute son équipe qui travailla fiévreusement pour envoyer les subsides à Khartoum... et c'est ainsi que nous les avons sauvés, les 7 000 petits

Soudanais. Oui, 7 000 carcasses se sont de nouveau couvertes de chair ! C'est extraordinaire la vitalité de jeunes corps qui ne veulent pas mourir. Pourtant, cela ne suffisait pas. Un petit homme n'est pas seulement chair, mais esprit. Et comment leur bâtir des écoles ? Où trouver des fonds considérables ? Ils devenaient de plus en plus nombreux : 10, 20, 30, 40 000 ! Eh bien, plus de 70 écoles ont été dressées. Il faut savoir que Simone avait d'abord constitué un conseil d'administration composé exclusivement de Français et d'Italiens. J'ai exigé que des Soudanais en fassent partie. La collaboration avec les gens du pays m'a toujours paru la règle *sine qua non* de la réussite. Nous, les étrangers, avons trop tendance à vouloir faire marcher le monde d'après nos normes, nos cultures nationales, mais celles de chaque nation doivent être respectées. Et voilà les conseils que les amis de Khartoum nous ont donnés : « Vous voulez construire en dur, ce qui suppose énormément d'argent, mais pourquoi ? Ici, le roseau remplace le béton chez les pauvres. Il a beaucoup d'avantages : non seulement il ne coûte pas cher, mais il permet à l'air de traverser les pièces et de tempérer les grosses chaleurs. »

Du coup, nos ressources étaient suffisantes. Ce qui aurait paru impensable, à nous Européens, a marché ! La soif d'apprendre de nos gosses était telle que rien ne les arrêtait. Nous n'avions pas les moyens de dédoubler les classes, ils étaient cent, serrés comme des sardines sur des bancs étroits : quand une moitié écrivait, une moitié se comprimait pour laisser aux autres la place de poser la main sur les cahiers. Ils rivaient les yeux sur une plaque servant de tableau, où la craie était à peine lisible. Séparés de cent autres élèves par une claie de roseaux, ils ne bronchaient pas. Ils savaient, les pauvres enfants, que réussir à l'école était une question de première importance. Ils devaient faire un effort considérable pour apprendre l'arabe, langue difficile s'il en est. Leurs divers dialectes, le dinka par exemple, si savoureux, qu'ils parlaient entre eux, leur rappelaient les longues palabres de leur village : petits garçons, ils se glissaient pour les écouter, le soir, cachés loin du feu qui éclairait le beau visage des hommes, leurs pères. Que tout cela était loin maintenant ! La guerre était passée, brisant ce bonheur paisible. À Khartoum, trouver un quelconque travail exige l'arabe, le posséder était donc pour eux une question de survie. Intelligents et déterminés, ils s'y appliquaient.

Il n'avait pas été facile de trouver des maîtres soudanais en nombre suffisant. Des jeunes débordant de bonne volonté, et qui savaient un peu lire, écrire et compter ont fait l'affaire dans ces débuts. Ils étaient ravis de recevoir leur juste salaire. De week-end en week-end, de vacances en vacances, ils ont été formés jusqu'à l'obtention du diplôme officiel pour les classes primaires. Ils sont près de 300 actuellement.

Tous les trois mois je venais d'Égypte – où j'étais toujours basée – souvent accompagnée de Sœur Sara qui visitait avec moi les écoles, en experte ! Elle me montrait les cahiers : « Quelle belle écriture ! » Et elle se tournait vers les enfants : « *Macha'allah !* Bravo ! quels excellents élèves ! » La plupart réussissent en effet brillamment les examens primaires et continuent ensuite leurs études au gouvernement.

Il avait été plus aisé de mettre la main sur des

cuisinières qui préparaient chaque jour un bon repas substantiel, souvent le seul de la journée pour les plus pauvres. Ils dévoraient les « foul » – fèves cuites dans l'huile avec des oignons, comprenant protéines, hydrates de carbone et graisses nécessaires au corps humain.

Malheureusement, ceux qui étaient arrivés à Khartoum âgés de quinze ans et plus s'étaient lancés, pour survivre, dans le vol et la prostitution et se droguaient. Ils s'étaient mis en bande et se terraient dans lcs lieux déserts pour échapper aux chiens policiers qui les traquaient. La nuit, ils sortaient comme des rats et se glissaient dans les bouges malfamés. Tous refusaient farouchement de venir à l'école. Étaient-ils perdus pour toujours ? Un jour, par hasard, j'ai rencontré un certain Kamal, un Soudanais ; homme d'une quarantaine d'années. Il m'a fait ses confidences et m'a parlé d'eux : « Vous savez, ma Sœur, parfois la nuit, je n'arrive pas à dormir. Je vais à la fenêtre et je regarde dans la rue. Je vois des ombres qui rasent les murs. Ce sont les jeunes échappés du Sud Soudan et qui usent des pires expédients pour survivre. Moi, j'ai tout : un magasin qui marche bien, une maison confortable, une femme que j'aime, une fille intelligente qui ira bientôt à l'université faire sa médecine. Et moi, diacre de l'Église, je reste les bras ballants devant tous ces jeunes désespérés. » J'ai parlé de lui à Simone et nous lui avons proposé de travailler avec l'équipe de nos écoles. Il a laissé son commerce, a accepté de gagner moins pour venir nous aider. Et je lui confie à mon tour : « Kamal, ces adolescents en perdition me hantent. Sauvez-les ! »

Peu de temps après, il arrive, triomphant. « Ça

y est, l'évêque m'a donné une ferme dont l'Église est propriétaire. Elle est à 25 kilomètres d'ici. Vous allez voir, une fois dans la nature, ces jeunes vont se refaire une santé, physique et morale.» Et il ajoute en riant : «Tant qu'il y a de la vie, il y a de l'espoir ! »

En effet, un mois plus tard, je suis allée leur rendre visite. Ah ! mes amis, c'était extraordinaire, magnifique ! Des jeunes aux yeux clairs travaillaient la terre. Ils avaient construit eux-mêmes leurs huttes soudanaises en forme de cône ; ils avaient creusé des canaux qui laissaient couler une eau chantante et chacun avait son «secteur». Ils m'appelaient : «Ma Sœur, venez voir mes canards, ils sont gros, c'est moi qui les nourris.» «Ma Sœur, regardez mes moutons, je vais bientôt les tondre.» L'un me disait fièrement : «Voilà mes légumes ; ça pousse vite, mais il faut s'en occuper.» L'autre s'avançait, mains tendues : «Vous devez goûter mon fromage, c'est moi qui le fais et c'est le meilleur du pays.»

Tout était à l'avenant. Leurs maîtres étaient des agriculteurs expérimentés qui les formaient à leurs responsabilités. Le soir, ils suivaient des classes qui leur donnaient les bases de l'instruction qui leur manquait. Ils étaient donc intelligemment occupés : adieu, vol, viol, drogue et prostitution. Kamal avait raison. En pleine nature et chacun chargé d'une responsabilité, ils avaient retrouvé le vieil adage romain : «Une âme saine dans un corps sain.» Nous avons aussi ouvert des foyers, des centres familiaux, pour les enfants errant dans les rues sans personne pour les accueillir, mais, déjà habitués à «vadrouiller», allaient-ils accepter de demeurer dans un home ? Nous avions choisi comme responsables des couples de leur tribu « Dinkas », réfugiés comme eux et rescapés de l'horreur, capables de les entourer avec un cœur blessé comme le leur. Ils créaient un climat de famille, grâce à leurs propres enfants, vite copains avec les autres. La maman préparait les repas et veillait à la propreté ; le père était présent le soir après son travail et veillait, lui, à la bonne entente.

J'avais donné comme consigne : ne jamais fermer à clé la porte qui ouvre sur la rue. La jeunesse a besoin de liberté même dans un climat de chaleureuse amitié. Le point important restait la manière de les recevoir au retour de leur fugue. Surtout pas de gronderie sévère, mais un joyeux sourire : « Ah ! te revoilà ! quelle joie de te revoir. Viens, tu dois avoir faim (ils revenaient affamés !) et ton lit t'attend. » Un bon baiser sur la joue, une bonne soupe bien nourrissante et tout est dit.

Ce régime a fait réapparaître ce qu'il y a de bon dans un cœur d'enfant. La plupart de ceux qui avaient commencé par disparaître sont rentrés, sauf un qui, nous a-t-on dit, avait été tué dans une rixe. Et quand ils ont été à l'école, tout s'est arrangé. Il faut les voir quand Simone ou Kamal, et sa femme Madeleine, arrivent dans un foyer. Quels cris de joie poussent ces gosses qui se précipitent pour se faire embrasser. De quoi les petits d'homme, même les plus fermés apparemment, ont-ils le plus besoin ? N'est-ce pas d'être compris et aimés tels qu'ils sont ?

À l'occasion d'une de mes visites à Khartoum, j'avais fait porter des « Lego » dans les foyers. J'arrive dans l'un d'eux, et je me trouve devant une vingtaine de mômes, de huit à douze ans, debout autour d'une table; ils élevaient leur construction, le visage tendu, sans un sourire. Les voir jouer ainsi, sans une ombre de gaieté, me pétrifie.

Je demande à Simone qui dirige toujours avec compétence l'ensemble de nos activités: « Qu'est-ce qui se passe ici, est-ce qu'on bat les enfants?

– Emmanuelle, tu ne comprends pas! Ce centre est le dernier ouvert. Chacun de ces bambins a vécu un terrible drame: hutte incendiée, père ou mère tué sous ses yeux, marche forcée jusqu'à Khartoum, sans presque rien manger ni boire. Et tu veux les voir rire et danser! Il faut d'abord leur réchauffer le corps et l'âme. Patience, ne nous décourageons pas, leur vitalité prendra le dessus! »

Je réfléchis intensément. Enfin, je crois avoir trouvé. « Simone, achète-leur un ballon, trouve-leur un moniteur de football. » Deux mois plus tard, je suis de retour au Soudan, je vais revoir ces enfants. Je pousse la porte de la cour: silence complet... Mon cœur se serre. « Mais que se passe-t-il? Il n'y a personne? » Soudain, j'entends des cris au-dehors. Je me précipite, et je vois arriver une bande joyeuse qui court derrière un ballon en se poussant et en riant. J'ai apporté un bel ours en peluche. On se le jette en battant des mains. C'est l'euphorie!

Puis je distribue à chacun des feuilles avec des crayons de couleur achetés au Caire – c'est un produit rare ici. Sujet libre. Quelle détresse révèle leur dessin: ici, un cône représente la maison, debout devant la porte... un homme et une femme... c'est papa et maman qui attendent son retour... Là ce sont des flammes rouges qui encerclent le cône embrasé. Un autre a représenté des corps allongés, morts. Un seul a dessiné un grand soleil jaune avec quelques fleurs. Simone a raison : les blessures sont profondes. Le fait de s'exprimer par le dessin leur permet d'extérioriser leur souffrance et, espérons, de l'adoucir, il faudra du temps, mais surtout beaucoup d'amour. Il s'agit de multiplier tout ce qui peut dilater leur cœur. Je leur donne encore à chacun un papier : qui veut le remplir de jolies fleurs coloriées ? Cette fois la joie a chassé la tristesse car à cet âge on est ravi de barioler et on passe facilement d'un sentiment à l'autre. Ils me rapportent en riant leur page garnie de toutes les formes et de toutes les couleurs. J'admire les chefs-d'œuvre, un par un, et, avec grand soin, je les affiche au mur dans l'enthousiasme général : c'est toujours beau, le dessin d'un enfant !

La « maman » apporte une immense marmite qui sent bon, c'est le moment du repas, des « foul », les fameuses fèves aux oignons ; l'appétit ne manque pas. En ce soir d'hiver, après la toilette, chacun se glisse sous sa couverture. Mais à nouveau mon cœur se serre : ils sont à nouveau abattus, avec une lueur triste dans leurs yeux, un silence lourd est tombé. Ces petits ont besoin, plus que d'un bon lit, d'une chaleur maternelle. Je m'approche, arrange doucement la couverture sur les épaules, caresse les cheveux ébouriffés. Ils me passent les bras autour du cou et me serrent fort. Une sorte de paix descend sur eux. Le baiser du soir, dans les familles, n'est-il pas le moment le plus précieux ? Sur le point de me coucher, je suis encore inquiète : se sont-ils endormis ? J'ouvre doucement la porte d'une des chambres et je reste saisie. Dans l'obscurité, je perçois comme une ombre sur chaque lit. Et j'entends une petite voix dire : « Prions pour nos familles. » Quelques phrases venues des différents coins de la pièce s'égrènent : « Prions pour nos papas, qu'ils ne soient pas tués. Prions pour nos mamans, qu'elles ne pleurent pas, toutes seules à la maison. Prions pour qu'on ne mette pas le feu au village. Prions pour le bétail, qu'il ait encore de l'herbe. » Un silence puis la petite voix de tout à l'heure reprend : « Prions ensemble. *Abana ellazi fi semawâte,* Notre Père qui es aux cieux », la belle prière qu'ils aiment et qu'ils ont apprise au catéchisme en arabe – la langue qui unifie leurs différents dialectes. Les ombres disparaissent sous les couvertures. Le silence est total. Je me retire sur la pointe des pieds. C'est ainsi que, seuls dans la nuit, des enfants dans l'épreuve s'adressent à leur Père des Cieux.

Simone et Kamal mettent tout en œuvre pour animer les foyers. Ils font venir trois jeunes moniteurs, spécialement formés au Caire. En plus des parents nourriciers, ils restent jour et nuit avec les enfants, les aident pour les leçons, organisent des soirées. Je suis présente à l'une de leurs comédies. Nos petits se « roulent » littéralement de rire à l'apparition d'un garçon, le ventre bombé, vêtu d'une robe de femme, qui hurle en demandant l'aide d'une accoucheuse. Mahfouz – un des trois animateurs – se précipite, un immense couteau à la main, l'enfonce dans le ventre de la malheureuse et il sort triomphalement le bébé (des chiffons roulés) au milieu du crépitement des applaudissements...

Au lendemain de cette soirée mémorable,

Mahfouz veut me parler : il a une décision importante à prendre. « Je suis venu un an pour redonner le tonus à ces enfants de la guerre. À présent, je suis attendu au Caire pour me marier. Mais je vois que je leur suis utile, à ces petits. On dirait que, doucement, ils renaissent. Je peux bien leur donner encore un an de ma vie pour les aider à retrouver la leur ! » Dans mon for intérieur, je me demande ce qui est le plus important pour lui : sa vie privée ou les enfants de Khartoum ? La question me brûle les lèvres mais je me garde de lui conseiller quoi que ce soit et lui rétorque de manière enjouée : « Écoute, Mahfouz, c'est ton affaire, les problèmes de mariage, ce n'est pas ma spécialité ! » Et nous éclatons de rire tous les deux.

Il est resté. Il n'était pourtant pas en sécurité à Khartoum, il le savait. La mort rôde toujours au Soudan. En effet, une nuit, la police est venue l'arrêter. Des terroristes soudanais avaient été pendus au Caire. Par mesure de rétorsion, on devait lui mettre aussi la corde au cou à lui, l'Égyptien. Heureusement que j'avais eu l'occasion, un an plus tôt, de rencontrer Hassan Tourabi, le leader musulman. Nous avions eu une longue conversation dans un français impeccable – il a un doctorat de la Sorbonne. Il m'avait assuré de son respect pour les droits de l'homme. Beaucoup affirment que ce ne sont que de belles paroles. En tout cas, je lui ai écrit et Mahfouz a été reconduit, sain et sauf, à la frontière.

Mais n'est-ce tout de même pas étonnant ? Lorsque le jeu en vaut la chandelle, les jeunes savent risquer jusqu'à leur vie. J'en avais sous les yeux un autre exemple. Je me rendais chaque jour à la messe au séminaire où une centaine de jeunes se préparaient à la prêtrise, c'est-à-dire à risquer, eux aussi, d'être assassinés : régulièrement, on apprenait que tel ou tel curé avait été abattu. Une liste affichée à la porte de la chapelle était éloquente : elle portait le nom d'un village où le pasteur avait été massacré et le nom du jeune prêtre fraîchement sorti du séminaire qui le remplaçait. Et pourtant, quand je rencontrais cette jeunesse, au sortir de l'eucharistie, j'étais frappée par son expression épanouie et souriante. Ce n'est pas vers la mort qu'elle marchait d'un pas alerte mais vers l'espoir d'une nouvelle vie : quand la famine, le désespoir, la mort paraissent l'emporter, les forces intérieures de la jeunesse sont prêtes à se déployer. Elle porte au plus intime de son corps, de son esprit, de son cœur un tel secret de vitalité, que lorsque tout s'acharne à la renverser, elle se redresse soudain ; elle se tient debout, fragile et pourtant forte. Pour elle, tant qu'il y a de la vie, il y a de l'espoir.

5

UN PAYS, ÇA SE RELÈVE

Le Soudan ne pouvait être abandonné. J'allais régulièrement à Khartoum avec Sœur Sara. Quelle joie de voir nos quarante mille enfants s'épanouir corps et âme dans nos soixante-dix « rakouban » (écoles) grâce au dévouement de Kamal et de son équipe, aidés financièrement par de généreux donateurs européens.

Au Caire, l'avenir résidait aussi dans les écoles nouvellement bâties ; les petits chiffonniers s'y pressaient de plus en plus nombreux. Dans quelques années, ils transformeraient les bidonvilles en villages où régneraient la propreté et l'hygiène. Tout marchait donc bien.

Hélas, la terre ne présentait pas partout des havres de paix ! Particulièrement au Liban, les bruits de guerre n'arrêtaient pas. En cette année 1987, le président de l'association Les Amis de Sœur Emmanuelle à Paris était Hervé Teule, ancien secrétaire d'Emmaüs international, homme de grande intelligence et de grand cœur. Lors d'un séjour à Paris où je donnais des conférences, il m'interpelle : « Sœur Emmanuelle, est-ce que vous suivez les événements du Liban ? La politique la plus horrible dresse les Libanais les uns contre les autres, les villes et les villages sont bombardés, les fermes saccagées et les industries détruites. Rien, ni personne n'est épargné!... Mes amis m'appellent au secours.» Il hésite un peu, puis il ajoute: «J'ai pensé que, peut-être, vous viendriez avec moi aider ceux qui luttent pour relever les plus écrasés.»

Je lui donne instantanément mon accord et voilà comment, quelques jours plus tard, Hervé et moi débarquons à Beyrouth.

Je fais la connaissance d'une amie d'Hervé, Christiane, une jeune femme de choc, qui nous emmène chez elle. Après nous avoir restaurés, elle me fait entrer dans ma chambre. «S'il y a un bombardement dans la nuit, n'ayez pas peur, le plafond est solide!»

J'essaye de m'endormir. Soudain, un bruit épouvantable me réveille en sursaut. Allongée sur mon lit, je fixe le plafond: «N'aie pas peur, il est solide!» Mais j'ai peur! Puis tout redevient calme. J'ai compris, cette nuit-là, le courage qu'il fallait aux Libanais pour rester dans leur lit, dans leur maison, dans leur rue, dans leur ville, sous ces bombardements qui, plusieurs fois par jour, pilonnaient leur si belle capitale.

Au cours du déjeuner pris à la hâte, Christiane, charmante jeune femme chrétienne libanaise, la trentaine environ, m'explique: «Mon père a un appartement à Paris dont il m'offre la clé. Mais je ne veux pas abandonner mon pays dans la détresse. Un pays, ça se relève. Vous allez bientôt comprendre.» Puis elle m'entraîne dehors. Une fois dans son bureau, je vois apparaître une femme au visage bouffi, à l'air misérable, traînant deux enfants par la main.

« On m'a dit qu'ici on aide les gens.

– Mais oui, madame, reprend doucement Christiane. Asseyez-vous. Voyons, savez-vous tricoter ? »

La femme part d'un rire amer : « Vous savez, le tricot... moi, j'avais mes bêtes à soigner... ! » et elle ajoute sur un ton méprisant : « Tricoter, c'est bon pour les belles dames de Beyrouth qui n'ont rien à faire ! » C'est aimable pour Christiane ! Mais celle-ci, sans se démonter, apporte un petit sac en plastique contenant de la laine et des aiguilles sur lesquelles court déjà un petit bout de brassière rose. « Allons, vous allez voir que ça va venir. » En effet, petit à petit les mailles se forment. « Vous voyez, s'exclame Christiane, vous y arrivez ! Tenez, vous continuerez chez vous. Je vous ai mis un billet au fond du sac, c'est votre premier salaire. » La femme s'est relevée, son visage, précocement vieilli, a retrouvé un peu de sa jeunesse. Elle ne doit pas avoir plus de vingt-cinq ans. « Ah, enfin, je vais pouvoir travailler pour gagner le pain de mes enfants ! » Et à ses deux petites : « Elle est gentille, la dame, dites : “Merci, madame”. » Deux voix d'angelots répètent : « Merci, madame. » Puis la petite famille disparaît, la joie dans les yeux. La matinée se passe : ici on entre désespéré, la tête basse, et on sort rasséréné, la tête haute.

Christiane m'explique : la situation se détériore de plus en plus au Liban. Bien que dangereux, Beyrouth est devenu l'ultime refuge pour tous ceux dont les fermes ont été détruites, les villages dévastés, les usines bombardées, pour toutes ces femmes et ces enfants dont les maris et les pères sont partis à la guerre. Une population désemparée nous arrive chaque jour.

« Comment faites-vous pour trouver l'argent pour les nourrir tous ?

– Attention, nous ne voulons pas, comme vous dites, trouver l'argent pour les nourrir, mais leur fournir les moyens de gagner eux-mêmes l'argent pour se nourrir. »

Elle insiste avec force sur les mots « gagner eux-mêmes », puis elle ajoute : « Avec des amis, nous avons ouvert une banque de prêts sans intérêts pour aider les gens à se tirer par eux-mêmes d'affaire. Dépendre d'un autre pour subsister fait horreur à la jeunesse libanaise, elle accepte n'importe quel travail. Un jeune industriel dont l'usine a été réduite en morceaux va apprendre auprès d'un cordonnier à fabriquer des chaussures ; il nous demande un prêt pour ouvrir sa boutique. Un autre, qui a perdu son emploi, se fait maçon et reconstruit les maisons écroulées ; nous lui finançons une bétonneuse. Jamais nous ne les laisserons dans une situation d'assisté. »

Je l'écoute, stupéfaite. J'ai quelques doutes sur le remboursement de l'emprunt. Ils sont si démunis !

« Comment font-ils pour rendre cet argent ?

– Je peux affirmer que sur cent personnes, quatre-vingt-quinze rapportent la somme empruntée. Parfois, il arrive seulement qu'ils nous demandent un délai supplémentaire. »

Puis en me regardant d'un air grave :

« La mendicité rabaisse, le travail relève. Quel que soit le métier, manuel ou autre, c'est important pour tous, jeunes ou moins jeunes, intellectuels ou non, d'accepter même un artisanat : ils ne perdent pas alors leur tonus. »

Elle me montre de ravissantes brassières et petites robes de toutes les couleurs déjà terminées, confectionnées par des jeunes filles ou jeunes femmes désespérées : elles ont repris pied grâce à leur premier salaire. Mais elle ajoute dans un soupir : « Malheureusement, je n'ai pas assez de commandes.

– Attendez, Christiane, nous allons nous organiser. Je rentre à Paris, je vais lancer un appel : Vous jeunes femmes de France, faites des bébés et des commandes de layettes aux jeunes femmes du Liban ! »

Christiane est amusée :

« Yalla, en avant, repeuplez la France et moi je redresse le Liban ! »...

Nous rions toutes les deux de bon cœur.

À présent, je comprends mieux Christiane. Jeune, pleine d'enthousiasme, elle se soucie peu des bombes qui tuent. L'essentiel pour elle est d'aider les autres à vivre. Pourtant, elle a un fils et une fille qui sont en danger avec elle, à Beyrouth.

« Christiane, vous n'avez pas peur pour vous, d'accord, mais... Et vos enfants ?

– Ils ne veulent pas se réfugier en France tandis que leurs copains moins fortunés restent au Liban. Une bonne petite vie, bien au chaud, est un désastre pour la jeunesse ! Sœur Emmanuelle, demain, il faudra rebâtir le Liban. Nous aurons besoin d'hommes et de femmes qui n'auront peur de rien, qui sauront se débrouiller et retrousser leurs manches. »

Peu après arrive un garçonnet accompagné d'une délicieuse adolescente. Ce sont les deux enfants de Christiane. Tout le monde s'embrasse avec effusion. La fillette revient de son cours de danse et je lui demande une démonstration de ses talents. Moment inoubliable. Elle choisit un disque, *Le Beau Danube bleu* de Johann Strauss. Au loin, le bruit sourd d'une canonnade. Sans paraître s'en émouvoir, elle commence à virevolter, gracieuse, un léger sourire sur les lèvres. « Quelle leçon ! » me disais-je. Quand la jeunesse ne tremble pas devant le danger mais danse au son de la canonnade, elle porte en elle un potentiel formidable. Christiane a raison, sa fille fera partie demain de ceux qui marcheront sans souci des obstacles, de ceux qui trouveront en eux la force de reconstruire leur pays !

Cette Libanaise indomptable voulait aussi nous montrer, à Hervé et à moi, d'autres réalisations dans la capitale. Grâce à elle, j'ai eu bientôt l'occasion de me rendre compte par moi-même des deux qualités fondamentales qui permettent de se sortir, avec d'autres, des pires difficultés. La première c'est la solidarité, et la deuxième, l'acharnement.

Sur une terre où la guerre fait rage, où personne ne sait aujourd'hui s'il sera encore vivant demain, où les secours d'État sont inexistants, une fabuleuse fraternité se développe liée à une opiniâtreté non moins fabuleuse. À Beyrouth, j'ai visité « L'Arc-en-ciel », un vieux bâtiment qui se dresse à l'horizon comme une oasis de paix et d'espoir dans un ciel d'orage et de mort. Il a été baptisé ainsi par un jeune « richard » – et le Liban n'en manque pas ! – hanté par le sort de centaines de handicapés, jeunes comme lui. Il les voyait sempiternellement assis sur des chaises devant la fenêtre, le regard vide, comme des morts-vivants. Lors des bombardements, lorsque les murs s'écroulent autour de soi, on se jette instinctivement par terre, le visage contre le sol ; les éclats d'obus s'attaquent à votre dos, brisent votre colonne vertébrale et immobilisent votre corps à jamais. Une partie de ces jeunes avaient tous été touchés par des bombes. Pierre Issa y pensait jour et nuit : « Papa est riche comme Crésus. Je n'ai pas le droit de me servir de tout cet argent rien que pour moi. Il faut absolument que mes copains handicapés sortent de leur chaise de mort et arrivent à se débrouiller eux-mêmes dans la vie. Mais comment ?... Comment ?... »

Cela paraissait impossible, mais Pierre n'était pas un garçon à s'arrêter quand l'avenir de centaines de jeunes était en jeu. Il croyait à la force de la solidarité, mais savait aussi que l'acharnement est la clé de la réussite.

Un jour, d'un pas décidé, il accoste son père. « Papa, donne-moi une de tes usines, je vais la transformer en centre de rééducation pour les jeunes handicapés, à la colonne vertébrale brisée. » Et il transforme une partie du bâtiment en dortoirs, réfectoires et salles de repos ; une autre partie servira à l'apprentissage. Grâce aux relations de son père, il fait venir de Scandinavie des fauteuils roulants, y installe 143 infirmes désespérément cloués chez eux. Il s'entoure de maîtres artisans pour enseigner à chacun le métier qu'il préfère et lui permettre de gagner sa vie de manière autonome. Ici, c'est un atelier de menuiserie, là de peinture et sculpture. Je tombe sur un groupe de ces handicapés – toujours en chaise roulante – qui entourent Yves, un jeune religieux en train de leur montrer le fonctionnement d'une machine à tricoter. J'apprends que Frère Yves a voulu être catapulté de France dans l'enfer de feu et d'acier de Beyrouth. Technicien, il est venu rendre l'espoir à des jeunes comme lui, définitivement condamnés à une passivité mortelle ; il est trop heureux de leur rendre une activité d'homme, pour s'appesantir sur le danger qu'il court lui-même. Après avoir admiré les ateliers de différentes techniques, surtout celui de peinture d'art, nous entrons avec Hervé dans le bureau de Pierre. Avec quel feu il nous explique : « Comme son nom l'indique "L'Arc-en-Ciel" redonne l'espoir après la tempête. Son but est de développer un esprit de famille qui rende à tous la joie de vivre. On travaille, mange, s'amuse ensemble. Durant leur formation, nos jeunes handicapés retrouvent leur tonus. Ils partent dans la vie munis d'un bon métier. »

Hervé l'interroge sur le financement d'une pareille entreprise : « Oh ! la plupart d'entre eux sont sans ressources. Heureusement, nous avons des donateurs que je suis arrivé à trouver à travers le monde. Beaucoup de nos anciens nous envoient aussi une part, petite ou grande, du gain de leur travail. »

Il nous avance pourtant qu'il est endetté. Hervé reprend : « Nous sommes venus au Liban pour l'aider. Votre œuvre est d'une valeur primordiale. Envoyez-nous à Paris un dossier. » Depuis lors, et jusqu'en 1990, nous avons soutenu ces activités.

À « L'Arc en ciel », j'assiste même à un singulier mariage. Un mariage clandestin prononcé par un prêtre, comme dans le plus classique des romans du Moyen Âge. Je suis la seule invitée à la cérémonie ultra secrète. C'est un « ancien », Tony, assis dans sa chaise roulante, qui se marie. La cérémonie terminée, sa jeune épouse, Leyla, la jolie fille d'un riche commerçant, fait virevolter d'une main énergique le fauteuil roulant et sort triomphalement avec son époux. Ils partent en voyage de noces comme s'ils revenaient victorieux d'une âpre bataille. Et où la passeront-ils, leur lune de miel ? Dans la plaine de Bekaa, la zone la plus dangereuse du Liban ! Ils échappent ainsi au père de la jeune fille, lequel, furieux de voir sa fille épouser un « cul-de-jatte » – alors qu'il est seulement immobilisé sur un fauteuil roulant –, a juré de le tuer... Mais ils ne craignent rien. Tony est maintenant paré pour la vie : il est un bon menuisier ; quant à sa femme, elle a un diplôme de secrétaire. Ils sont jeunes tous les deux, n'ont peur de rien, ils vont se débrouiller et s'en sortir, appuyés l'un sur l'autre : l'Amour est plus fort que la mort.

À Beyrouth, je suis confinée dans le secteur chrétien... s'aventurer du côté musulman, c'est être instantanément tué ! Depuis la guerre, chaque communauté se cantonne farouchement dans ses propres quartiers. Pourtant, je tiens absolument à visiter les musulmans comme les chrétiens, pour tenter de leur venir en aide, à tous.

C'est bien l'avis d'Hervé et de Christiane. Celle-ci nous met en rapport avec monseigneur Haddad, ancien évêque de Tyr. Lui aussi cherche à rester ouvert aux deux communautés, même, et surtout, quand elles sont en conflit. Il me propose de m'emmener à Saïda, l'antique Sidon où chrétiens et musulmans vivent dans une paix relative : on s'y tue moins qu'ailleurs. Cependant, la route pour s'y rendre est dangereuse. Respecté de tous, l'évêque arrive à passer, mais prendre un homme dans sa voiture est trop risqué. Une femme, moins. Enfin voilà un avantage, pour une fois, d'être femme ! Nous avons roulé tous les deux sans encombre. C'est ainsi que le 1er novembre, fête de tous les saints, je me trouve devant la cathédrale de Saïda.

Des jeunes gaillards musulmans, armés jusqu'aux dents, protègent l'entrée pour empêcher l'irruption de miliciens prêts à perpétrer un massacre. Je félicite ces « gardiens de la paix ».

« Ma Sœur, nous, les vrais Libanais, jeunes musulmans ou chrétiens, nous nous sentons comme des frères.

– Cela ne paraît guère évident.

– Et pourquoi ? Le savez-vous : dans les deux camps, on nous drogue pour nous exciter à nous entre-tuer. Mais que la sale politique nous laisse tranquilles et vous verrez la jeunesse reconstruire le Liban dans la paix. »

Un groupe passe, prêt à entrer dans la cathédrale. Tous se serrent la main :

« Merci de faire la garde, Mohamed.

– T'en fais pas, Georges, nous sommes là. Prie sans crainte. »

La cathédrale est pleine à craquer. Les chants célestes montent jusqu'aux voûtes. Je pense à ces gars en pleine guerre qui, au-delà des murs qui les séparent, veillent les uns sur les autres. Alors, pourquoi tous ces conflits et ces atrocités entre citoyens d'un même pays ? Pourquoi des jeunes sont-ils le jouet de forces politiques extrémistes ? Parce que des hommes, endurcis au fil des ans, exploitent les situations économiques et sociales souvent tendues, alimentent les tensions et arrivent ensuite, au nom d'un idéal fallacieux, à fanatiser les jeunes en les lançant les uns contre les autres. Heureusement, certains gardent un cœur ouvert à tous.

Mayla, à l'approche de ses dix-huit ans, se préparait à entrer à l'Université de Beyrouth, lorsque la guerre éclata. Elle aurait pu, avec d'autres, se réfugier à l'étranger. Mais elle décide, comme Christiane, de rester pour servir, au péril de sa vie. Elle pensait : « Devant la mort, nous n'avions pas droit à l'erreur. Il fallait agir pour vivre, coûte que coûte, défier et contourner la mort – aider l'homme quelle que soit sa provenance. » Elle apprend que la Croix-Rouge libanaise fait appel à des secouristes pour sauver les blessés après les combats, quel que soit le parti auquel ils appartiennent. Elle s'engage. « Nous étions organisés en équipe de cinq secouristes, mobilisables jour et nuit, volontairement. Quand la guerre faisait rage, nous étions en permanence dans des centres de secours, les appels à l'aide nous jetaient immédiatement sur les routes. En ambulance, il fallait faire vite car nous savions pouvoir sauver des vies, donner espoir et secours à ceux qui avaient reçu des obus, vécu l'atrocité des voitures piégées, les balles meurtrières d'un franc-tireur. Nous ne savions pas qui étaient les personnes secourues, mais peu nous importait. Pour moi, courir, secourir, prendre des risques en pleine jeunesse au seuil de la vie, a donné une substance forte à ma vie : je savais que je pouvais défier la mort. J'ai expérimenté très tôt la force du don, quelle joie, quelle euphorie de ne pas calculer, de n'avoir pas peur ! C'est vrai que nous avions des ailes. » C'est bon d'écouter cette jeunesse qui, lorsque la haine massacre, garde une fraternité universelle.

Mayla œuvre encore aujourd'hui, elle est secrétaire générale dans le mouvement social libanais. Sa conviction est que l'homme, laissé à sa nature, n'est pas un loup, mais un frère pour l'homme. C'est cet esprit qui anime tous ceux qui rebâtissent un Liban dans la solidarité.

Hervé et moi, nous avons vu, même chez les enfants, cette aspiration à se retrouver dans la paix. Les écoles étaient payantes à cette époque, dans une nation sans tête, sans gouvernement. Des centaines de gosses, musulmans et chrétiens, ne se battaient pas, mais traînaient, mornes, dans les rues. Nous nous sommes mis en rapport avec des chefs d'établissement, nous leur avons promis l'envoi de chèques pour payer la scolarité et 600 nouveaux élèves, la main dans la main, sans problème de religion, se sont engouffrés triomphalement dans les classes. Ces enfants sentaient que le collège où ils entraient était l'arche d'où ils ressortiraient après la tempête, pour coopérer ensemble au relèvement de leur pays. Yalla, en avant, Liban, nation aimée, le présent est terriblement dur, mais demain, tu renaîtras.

Le moment du départ est arrivé. Nous attendons à Jounieh le bateau qui nous emporte à Chypre. Impossible d'aller prendre l'avion à Beyrouth : c'est la mort assurée.

« Christiane, Noël approche.

– Ici, c'est la fête de la tristesse. Pour la veillée, on mangera des pommes de terre bouillies, froides. Et les enfants n'auront pas de cadeau.

– Vous auriez besoin à peu près de combien de colis ?

– Oh, c'est impossible ! Près de 50 000 !

– Attendez, suivons Napoléon, "impossible n'est pas français". Que vous faut-il exactement pour chaque enfant ?

– Oh ! Un colis de cinq kilos : deux kilos de riz, un kilo de sucre, des bonbons, des cahiers de coloriage avec crayons de couleur, une petite poupée ou une petite auto... Et des chaussettes de laine, mais dépêchez-vous, il faut embarquer.

– Oui, vite l'adresse de votre centre que nous avons visité. Vous pouvez prendre en charge la distribution dans le pays ?

– Pas de problème, on alertera toutes les associations pour s'organiser. À Noël, on gâte chrétiens et musulmans.

– Naturellement. Au revoir, Christiane, vous aurez vos 50 000 colis et les commandes de layettes. »

Arrivés à Chypre, Hervé et moi montons dans l'avion d'Air France qui nous ramène à Paris. Je pousse un soupir de soulagement :

« Ah, Hervé, quelle joie d'être enfin en sécurité ! Je ne suis pas une héroïne, moi, comme nos amis libanais... »

À Paris, je fonce : radio, télévision, presse, écoles, paroisses. Je gueule une fois encore : « Vous n'avez pas le droit de vous remplir le ventre à en être malade, à Noël. Les hommes, ça partage, on n'est pas des bêtes. Yalla, en avant les jeunes ! Chacun, de votre propre argent, préparez un colis pour le Noël d'un copain libanais. Partagez avec lui quitte à en avoir moins pour vous. » J'explique quel doit être le contenu des cinq kilos et je donne l'adresse d'un ami parisien qui m'a offert son appartement. Bientôt, affolé, celui-ci me téléphone : « Au secours, à l'aide, bientôt je ne pourrai plus franchir le seuil de ma porte tellement elle sera encombrée de paquets !... »

Je transmets alors le nom de la compagnie Freiche qui se charge du transport jusqu'à Marseille. Le patron m'appelle à son tour : « Nous sommes surchargés de travail. Mais tous mes employés, jeunes ou non, travaillent la nuit jusqu'à épuisement, sans demander d'augmentation. »

Voilà l'homme : aucune fatigue ne l'abat dès qu'il peut combler de joie des enfants malheureux. Je pense au fameux hiver 54, avec l'affolante abondance des dons à l'appel de l'Abbé Pierre.

Ils sont partis, les 50 000 colis, la plupart envoyés par des jeunes à d'autres jeunes qui ont dansé de joie toute la nuit de Noël : une étoile s'était allumée, ils se redressaient dans l'espérance. Pascal a écrit : « Le cœur a des raisons que la raison ne connaît pas... » Un appel a suffi pour déclencher dans les cœurs de la jeunesse de France une formidable solidarité, au-delà de tout raisonnement. Regardez-la, cette jeunesse, elle saute par-dessus les rangs, les religions, les continents. Elle a horreur de l'injustice et de l'exclusion, elles la font bouillonner. Elle seule peut rendre au vieux monde l'espoir et la vitalité. Conviez-la à un partage de paix, dans la fraternité : en France, comme au Liban, comme au Soudan, comme partout, elle répond : « Me voici ! »

6

VIVRE, C'EST RISQUER

Étrange pays que les Philippines, où plus de sept mille îles sont agglutinées les unes aux autres, où des volcans comme le Pinatubo se mettent soudain à cracher le feu.

Étrange et révoltant pays où une poignée de détenteurs des terres se cantonnent dans de luxueux quartiers. Les avenues y sont gardées par la police, et impénétrables aux non privilégiés. Je n'ai jamais rien vu de pareil ailleurs.

Étrange et révoltant pays où, pour ne pas mourir de faim avec leurs enfants, les parents en sont réduits à les vendre sur le marché de la prostitution.

Étrange et révoltant pays où, dans un décor d'apocalypse, des gamins fouillent une montagne d'ordures fumantes au risque d'être engloutis dans le feu.

Étrange et révoltant pays où la religion – ici, le catholicisme – garde les uns dans une douce torpeur, leur offrant une sorte d'« opium » (ô Marx !) : « Sur terre, la richesse est un don de Dieu ; merci, seigneur, de me l'avoir donnée. Que les pauvres attendent en paix le ciel. » Heureusement, leur croyance fait bouillonner les autres, qui se jettent sans peur dans la lutte sans merci pour la justice.

Étrange et révoltant pays que Francis Pellissier fait connaître à l'association de Paris. Il est jeune, plein de fougue. Le travail dans un chantier à Meadi-Tora lui avait donné l'impulsion d'aller œuvrer plus loin, jusqu'aux Philippines.

En 1992, Benoît – alors actif président des Amis de Sœur Emmanuelle – et moi décidons de partir collaborer au combat qui se livrait là-bas.

Dès notre arrivée à Manille, j'apprends avec joie que là encore, ce sont des jeunes, y compris des privilégiés, qui se battent contre la misère. Dans un de leurs collèges, les Sœurs de l'Assomption forment les filles des quartiers résidentiels. Sans peur des parents richissimes, elles ouvrent les yeux de leurs élèves sur l'injustice dans laquelle elles baignent. C'est ainsi que je rencontre un jour, à Manille, une jeune fille, au regard ardent, à la démarche légère : elle ne devait pas avoir plus de vingt-trois ans. Elle me déclare : « Au collège, j'ai appris une autre réalité que celle de la vie luxueuse de ma famille. Après le bac et avant l'Université, les Sœurs nous invitent à donner une année au service des pauvres. Quand je lui en ai parlé, mon père est entré dans une colère épouvantable : "Tu es folle ! Chez cette racaille de voleurs et de fainéants, tu risques d'être agressée et d'attraper toutes les maladies du monde !" Malgré cela, continue-t-elle, comme j'ai toujours aimé le risque, j'ai tenu bon. Avec un groupe d'amis, je me suis enfoncée dans les taudis où nous essayons en priorité de sauver les enfants de la prostitution et de les envoyer à l'école. Ma vie était devenue tellement passionnante que j'ai décidé, après mes études universitaires, de m'occuper de ces pauvres gosses.

– Et votre père ?

– Oh, j'ai cru qu'il allait me tuer. Mais quand il a vu quelle fille épanouie j'étais devenue, il s'est radouci. Et elle éclate d'un beau rire. “Papa, lui ai-je dit, je n'ai pas besoin de ta fortune. Mais bâtis-moi une école pour les enfants.” Et il l'a fait.

– Et vos compagnes de classe ?

– Certaines ont préféré la “dolce vita” ; d'autres, qui ont travaillé à mes côtés dans le bidonville, se sont mariées mais continuent avec moi de s'y intéresser. Nous nous retrouvons pour chercher comment transformer le pays. Il faudrait encore une révolution. Après tout, pourquoi pas ! Qui ne risque rien n'a rien !

– Bravo, appelez-moi.

– En attendant, me lance-t-elle en riant, venez voir l'école de Malibaye où je travaille. »

Au cœur de ruelles misérables, Benoît et moi pénétrons dans un refuge de propreté et de lumière : des centaines de filles et de garçons, dans leur uniforme simple mais impeccable, présentent une charmante petite fête en anglais en remerciement des parrainages que notre Association leur procure alors. Cette méthode est l'une des meilleures : nous trouvons des parrains qui assurent la scolarité. Souvent, une photo et un rapport sur le travail scolaire offrent aux donateurs une relation plus concrète. Actuellement, des centaines de parrains et marraines ouvrent ainsi un avenir à des bambins en détresse.

Quelle joie et quelle fierté sur le visage de ces enfants, tandis qu'ils évoluent avec grâce et chantent avec allégresse. Ils se savent l'espoir de leur bidonville. Ils se préparent à l'assainir et à alerter l'opinion sur leurs problèmes.

Le lendemain, nous sommes invités à nous intéresser à un centre de développement agricole; des jeunes d'une vingtaine d'années viennent vers nous, leur visage respire la santé, avec ce quelque chose d'indéfinissable qui caractérise les amoureux de la nature. Une Sœur, apparemment très âgée, les accompagne. Ils lui témoignent un respect et une affection qui me frappent. Cette fraîche jeunesse entourant ainsi de vénération une vieille femme fait chaud au cœur. Mais quelle est la raison de ce lien tendre et respectueux qui les unit? L'un d'eux nous explique: « Sœur Milagros est la fondatrice du centre. Il y a cinquante ans, elle est arrivée dans cette île particulièrement pauvre. Jeune et ardente elle était prête au risque, elle était décidée à tout tenter pour aider mes grands-parents qui, comme d'autres, vivaient misérablement dans de petites fermes. Vous voyez ces arbustes plantés en ligne droite? C'est ce que Sœur Milagros a fait surgir de plus utile: ils écartent les bêtes qui dévoraient les racines et faisaient le désespoir des paysans. Maintenant, nous en avons tous et nos cultures prospèrent. »

Un autre gaillard, solide et plein d'allant, m'entraîne vers les étables. Il jette un coup d'œil admiratif vers la Sœur occupée à caresser le mufle d'une belle génisse. « Elle a fait venir des experts pour sélectionner les meilleures races de bétail! » Un rire joyeux se fait entendre: « Attention à votre responsabilité, jeunes gens! Dans quelques mois, chacun rentré dans sa ferme devra aussi faire connaître aux agriculteurs des alentours les meilleures méthodes d'agronomie... » Un tonnerre de voix joviales lui répond:

« Promis, ma Sœur, promis! » Un adolescent

m'explique avec enthousiasme : « Elles sont formidables, ces religieuses de l'Assomption ! L'une d'entre elles, Sister Luz, a participé avec les autres Sœurs à la révolution qui a mis fin à la dictature de Marcos. Et sans faire couler une seule goutte de sang ! Elles étaient au premier rang de la foule des manifestants qui hurlait : « À bas Marcos, à bas Imelda – sa femme, une mégère ! » Devant les bulldozers qui avançaient pour l'écraser, elles n'ont pas bronché. Ce sont eux, les mastodontes, qui ont fini par reculer ! »

Sœur Milagros rit de toutes ses rides : « Il faut savoir risquer, jeunes gens. Vivre, c'est risquer ! »

Toute cette conversation s'est passée dans l'anglais impeccable de ces jeunes agriculteurs, qui parlent entre eux le tagaloz. Ils reçoivent dans ce centre une formation complète qui va leur permettre de jouer un rôle important dans le développement agricole du pays.

Benoît et moi décidons ensuite de nous rendre dans le Nord, à Banaue, pour soutenir l'un de nos partenaires, Antoine Zenner. Cela m'amène à parler de la fille la plus extraordinaire que j'ai rencontrée.

Je marchais avec précaution le long des rizières. Ce n'est pas une mince affaire : il faut poser les pieds l'un devant l'autre, le long d'une piste étroite, en gardant l'équilibre, sinon c'est la culbute dans l'eau boueuse... Tout à coup, à l'autre bout de ce chemin de lilliputien, je vois apparaître une jeune personne d'une vingtaine d'années qui s'avance avec légèreté. Elle n'a rien d'une Philippine. Que fait donc ce petit bout de jeunesse sur cet îlot perdu ? Son visage paraît sortir d'une fresque de Fra Angelico. Elle me jette un retentissant : « Bonjour, ma Sœur, soyez la bienvenue chez nous ! » Puis elle me tire fermement par la main et m'entraîne vers une longue table où mangent avec appétit une vingtaine d'enfants. Elle pose sur chacun un long regard d'affection. « Je m'appelle Nathalie et voilà Antoine qui m'a appelée. » C'est un homme d'une quarantaine d'années, à l'allure bon enfant, aux yeux bruns et chaleureux. Ils m'apprennent leur aventure.

Antoine cxplique : « Je venais de chez Mère Teresa en Inde et je voyageais aux Philippines avec l'intention de m'installer là où les plus démunis auraient besoin de moi. Arrivé ici, à Banaue, j'ai observé la vie de la communauté pour cerner ses besoins prioritaires. J'ai alors décidé de prendre en charge les gosses les plus abandonnés pour leur permettre d'échapper à leur fatalité.

– Et tu as envoyé à tout ton cousinage une belle lettre appelant au secours ! Et j'ai décidé d'accourir.

– Oui, elle est arrivée dans ce pays inconnu que je lui décrivais peu sûr et privé du confort le plus rudimentaire !

– Bien sûr, le risque ne me fait pas peur. Et maintenant je suis ici, avec ces enfants qui m'ont attirée. Et qui m'ont fait rester. Je suis aujourd'hui la fille la plus heureuse du monde. » Nathalie me montre des huttes disséminées, ici et là. Je visite celle qu'elle partage avec d'autres filles. Elle est comme les autres : montée sur pilotis, avec une échelle pour y accéder, qu'on tire la nuit pour se mettre à l'abri des incursions de bêtes de toute espèce. Mais la vie que la jeune fille partage avec ces petits Philippins est entachée de drames. Un enfant tombé malade n'a pu trouver aucun soin, aucun médicament dans le pauvre dispensaire du coin. Il est mort dans les bras d'Antoine.

C'est pour porter remède à ce genre de situation que Benoît et moi sommes venus. Il faut que l'Association envoie des bénévoles. J'ai déjà décrit l'odyssée des jeunes Belges, premiers pionniers d'un bénévolat du « tonnerre » qui ne s'est plus arrêté. Il y a plein de jeunes comme Nathalie : les difficultés et les risques ne les arrêtent pas, mais, au contraire, les séduisent. Leur dynamisme, laissé en veilleuse, trouve enfin un champ pour se déployer.

En avant, pour les Philippines. On va rénover la clinique, la doter d'un médecin et d'un infirmier. Quelques mois plus tard, un groupe est parti en chantier. Les murs ont été refaits, le toit remis en place, des étagères disposées pour placer dans l'ordre les médicaments.

Un jour, m'entendant vanter le cran de Nathalie et Antoine, un homme d'une quarantaine d'années m'interpelle : « Peuh ! c'est l'aventure qui les tente, ça leur paraît drôle de risquer, rien de plus !

– Et vous, cher monsieur, avez-vous osé, un jour ou l'autre, vous jeter à l'eau pour sauver quelqu'un qui se noyait ?

– Moi, ma Sœur, je suis un homme prudent, il se serait sans doute accroché à moi, pourquoi risquer de me noyer avec lui ? »

À vingt ans, il m'aurait peut-être répondu autrement. En réalité, n'est-ce pas une des prérogatives les plus précieuses de la jeunesse, cette propulsion en avant au-delà des obstacles dès que la course paraît valable ?

Il arrive facilement que les difficultés et les échecs se succédant, la maturité de l'âge fasse perdre la fougue qui méprise la peur. « Le mal du siècle » qui se retrouve de génération en génération ne s'incarne-t-il pas dans un certain climat qui étouffe ce ressort ?

La leçon que m'ont donnée les Philippins, c'est précisément le sens de l'audace : celle de s'enfoncer au milieu de « la racaille » (l'était-elle vraiment ?), de rester debout devant un bulldozer qui avance, de lancer de nouvelles méthodes d'agriculture ou de s'aventurer dans une île lointaine...

Pour un cœur qui sait rester jeune, vivre, c'est risquer.

7

LE DROIT OU LA LOI ?

Nelly, fichtrement douée d'un cœur hardi, était déjà ouverte aux problèmes du monde, lorsqu'elle était venue travailler dans un chantier, au bidonville du Caire. Elle est vite conquise par le milieu « chiffonnier » et collabore joyeusement à la construction d'un logement salubre.

La veille de son retour en France, elle s'exclame :

« Ça, ma Sœur, c'est du bon travail d'aider ces enfants à changer de vie : on les sort d'une sale cabane pour les faire entrer dans une maisonnette propre ! Je veux continuer à m'investir, pour aider des gosses à s'échapper de la misère.

– Va donc à Thiès, au Sénégal, Nelly ! On m'a parlé d'enfants dans des situations catastrophiques, privés de tout droit à la liberté. »

C'est ainsi qu'un beau jour elle s'était rendue au Sénégal avec des amis pour faire un chantier humanitaire. Deux foyers sont ouverts pour les enfants des rues, des Sénégalais sont mis à la tête pour que tout marche bien. Mission accomplie, le groupe repart. Malheureusement les difficultés s'amoncellent, les responsables sur lesquels Nelly comptait se découragent et disparaissent dans la nature.

L'évêque du lieu s'émeut de voir ces bambins, qui avaient commencé une nouvelle vie, devenir maintenant la proie de ceux qui vont les exploiter. Il envoie un SOS à Nelly. Pas de problème, elle décide de repartir et demande à Marc de l'accompagner. C'est un ami dont elle connaît le dévouement, il se libère pour venir lui donner un coup de main. En avant ! Arrivés sur place, ils se rendent compte que la tâche sera dure et que sans argent, ils ne pourront guère agir efficacement. Il faut tout faire pour sauver ces jeunes livrés à l'esclavage. Ils vont fonder une association : « Pour le sourire d'un enfant », qui cherche une aide financière. « Amis de sœur Emmanuelle » la soutiennent volontiers, avant même de l'avoir visitée.

La jeunesse est, par définition, entreprenante. Benoît, qui m'a entraînée aux Philippines, me parle maintenant d'aller voir l'œuvre de près. Air France m'accepte gratuitement dans ses avions et Benoît obtient des réductions. Il veille avec un soin jaloux sur les dépenses pour toucher le moins possible au précieux argent qui secourt tant d'enfants.

À notre descente à l'aéroport de Dakar, Nelly nous attend pour nous emmener chez elle, à Thiès. Nous pénétrons dans sa petite maison, très simple mais arrangée avec goût. Les caisses qui servent d'armoire sont disposées en bon ordre.

Avec cette fille, on ne perd pas de temps. Après une boisson rafraîchissante, elle nous propose :

« Nous commençons par la prison, ma Sœur ? Tu es d'accord, Benoît ? »

Nous acquiesçons tous deux et Yalla, en avant pour la prison.

« Il faut en faire sortir les enfants.
– Les enfants ? » Je suis interloquée.
Nelly reprend :
« Eh oui ! La vie est dure ici, on ne mange pas à sa faim ; alors les parents apprennent aux petits à voler. Quand la police les attrape, la main dans le sac, on les jette en prison.
« Comme la loi défend de juger les mineurs, on les laisse croupir là pendant des années, privés d'instruction, d'hygiène, de liberté, de tout ce à quoi un enfant a droit. »
Elle ajoute, d'un ton de révolte :
« Ils sont enfermés dans la même pièce que les détenus : des assassins, bandits de grand chemin. Vous imaginez ce qui se passe là-dedans et quels bandits ils deviendront à leur tour.
– Qu'est-ce que tu peux faire dans une histoire pareille ? s'exclame Benoît. Le code est contre toi. »
Nelly a un petit rire. « C'est très simple, je m'arrange pour les faire sortir. Et en attendant, je les mets à part dans une salle que j'ai fait construire. »
Nous sommes entrés dans l'enceinte de la prison.
Surgit un grand Sénégalais en uniforme qui se trouve en être le directeur. Il semble en admiration devant Nelly et l'écoute avec respect. « À vos ordres, Miss. Bien sûr, le monsieur et la Sœur peuvent vous accompagner. »
Nous apportons une belle marmite de riz et des sandwiches. À notre entrée dans une pièce nue mais relativement propre, un tonnerre de voix jubilantes nous accueille. Nelly connaît chacun de ces gosses par son nom, et naturellement aussi leur histoire. C'est toute sa préoccupation :

étudier leur dossier et retrouver leur famille. Elle identifie ainsi ceux qu'elle arrivera facilement à récupérer car ils ont commis des vols anodins. Pour les autres qui ont participé à des braquages, elle devra se battre : cela n'a pas l'air de la gêner outre mesure. Les écuelles sont rapidement vidées. Un animateur sénégalais envoyé par Nelly va commencer la leçon. Elle tient surtout à assurer, en pleine prison, les bases d'une solide instruction. Nous partons au milieu de tonitruants « Au revoir ». Nous pénétrons dans la pièce réservée aux adultes, les têtes sont hirsutes, les yeux ont une lueur mauvaise. Par bonheur, le rayonnement et le sourire de Nelly provoquent un certain changement sur la plupart de ces faces sinistres : si leur aspect brutal demeure, une légère douceur apparaît et détend les lignes dures des visages. Certains se pressent autour de nous, quelques-uns sont fiers de nous dire deux mots d'anglais : « *How are you ? Welcome.* » Un climat de sympathie s'instaure entre eux et nous. Mais les plus vieux restent obstinément collés au mur, avec un regard peu rassurant. La distribution de sandwiches se fait heureusement dans le calme, et apporte à tous un bon moment de détente. Dans l'auto qui nous emmène au marché, Nelly me confie : « La première fois que je suis entrée ici, j'ai été épouvantée. Ils étaient tous entassés les uns sur les autres. Les enfants avaient les yeux troubles de ceux qui vivent dans un climat malsain. Comment libérer du mal ces gosses qui ont droit à un climat de santé physique et morale ? Une loi insensée les ligote dans cette prison de malheur. Comment les en sortir ?

– Cela ne t'a pas paru impossible, Nelly ? La loi c'est la loi !

– Rien n'est impossible, Sœur Emmanuelle. Est-ce que les lois qui asservissaient l'homme n'ont pas changé de siècle en siècle, depuis les esclaves légalement passibles de mort, le travail à la chaîne dix à douze heures par jour même pour les mineurs, les salaires de misère donnés aux ouvriers, surtout aux enfants enchaînés à leur tâche ?

– D'accord, mais c'est une affaire d'hommes de loi de respecter la liberté, en premier lieu des enfants. Toi, tu n'es pas juriste. Tu ne te sens pas impuissante ?

– Moi, jamais de la vie ! »

Et elle éclate de rire. « Je sais comment me battre pour faire triompher le droit des enfants. Les lois injustes sont faites pour être contournées avant d'être abrogées. La première action était de séparer les mineurs des bandits. Je vous en ai parlé. Ensuite je m'arrange en douceur avec le directeur, j'insiste pour tel ou tel enfant et, un jour, sans tambours ni trompettes, je l'emmène dans un foyer créé en pleine brousse où il s'épanouira librement. Mais pour l'instant allons voir les petits portefaix... »

En chemin, Nelly explique :

« Quand je suis arrivée ici, ils étaient eux aussi en proie à l'injustice d'un autre genre de loi et demandaient qu'on les en sorte ; fondamentalement, la cause est toujours la même : la pauvreté. Certains marabouts en profitent pour offrir aux parents de prendre en charge leurs enfants et de les instruire gratuitement. En réalité, ils les font travailler comme des ânes, c'est la loi de l'exploitation des faibles par les forts. Ici, les marabouts ont tous les droits, ils obligent ces petits à transporter au marché de lourdes charges sur leur dos, comme s'ils étaient des bêtes de somme.

« Et, croyez-moi, les fruits, ça pèse ! Quand le client en achète des caisses, il faut les emporter jusqu'au camion. Imaginez ces gamins : la tête ballante sur la poitrine, les épaules chancelantes, courbés sous un poids qu'un adulte trouverait insupportable – et il se ferait payer cher comme livreur ! Si par malheur le gosse ne rapporte pas suffisamment d'argent à son maître, il est battu comme plâtre... Et à peine nourri ! Il n'a aucun droit, c'est un esclave. » Benoît demande :

« Mais, Nelly, comment t'es-tu attaquée à la loi du plus fort ? Tu ne pouvais pas prendre en charge tous ces enfants !

– Non, bien sûr. Comment lancer David à l'assaut de Goliath ! Il fallait trouver une combine. Je suis allée voir les marabouts, un à un. Je me suis faite charmante, persuasive ; douceur fait mieux que violence. J'ai fini par conclure un accord : les petits porteurs leur remettent chaque jour une somme raisonnable et ils gardent le reste. »

Nous circulons dans le marché ; dans un coin, un groupe de gosses poussent des hourras en nous voyant. Ils nous montrent avec orgueil les chariots neufs que Nelly leur a procurés. « Comme ça, on n'a plus mal au dos, chance ! »

Nelly a aussi cherché et trouvé de jeunes Sénégalais ayant terminé l'école, intelligents et actifs. Elle n'a pas eu de peine à les former comme animateurs, à leur insuffler l'amour des enfants. Elle travaille avec eux en équipe. L'un d'eux arrive : « Le *souk* se vide, les enfants. Nous allons commencer la leçon; allez sous le palmier et n'oubliez pas vos cahiers et vos crayons. »

Benoît pose une question :

« C'est toi, la responsable de leur formation ?

– Naturellement. Dès lors qu'ils ont échappé au joug des marabouts, ils jouissent du premier droit de la jeunesse : ils sont libres, mais il faut leur assurer maintenant leur droit à l'instruction et à la formation professionnelle. Mais il est temps d'aller dire bonsoir à nos apprentis. Dès que je les ai vus, j'ai eu pitié d'eux. Mais ils présentaient une autre question difficile à résoudre. Ils travaillaient chez des maîtres artisans qui les traitaient en esclaves et ne leur apprenaient rien. J'ai eu des heures de palabre avec chacun de ces patrons qui faisaient la loi dans leur secteur. »

Nelly a donc essayé de les amadouer, comme les marabouts. Comment y est-elle arrivée ? « Les hommes ne sont pas méchants, Sœur Emmanuelle. Ils sont partout les mêmes. Le problème est de leur faire comprendre qu'ils se valorisent eux-mêmes en s'intéressant aux autres. Vous m'avez appris cette phrase d'un poète persan, Sciabistari : "Fends le cœur de l'homme et tu y trouveras un soleil." Je leur ai parlé avec respect et amitié et j'ai fendu leur cœur qui est maintenant plein de soleil. Venez voir. »

Cette fois, je suis face à face avec de respectables Sénégalais, de toute évidence satisfaits de leur métier. Ils saluent Nelly d'un guilleret : « Bonjour, Miss. » Et l'un d'eux ajoute d'un air triomphant : « Venez voir nos apprentis à l'œuvre. » Ceux-ci s'affairent avec leurs outils. « Ils deviennent habiles, hein, nos jeunes. L'an prochain, ils seront de bons ouvriers qualifiés. » Un climat de joyeuse fierté règne. Patrons et apprentis sont manifestement enchantés les uns des autres. Un Coca-Cola désaltérant est partagé « en famille » : la relation humaine a pris le pas sur la loi du plus fort.

« Ce sont tous de braves gens, commente Nelly. Ils ont enfin réalisé combien c'est un honneur d'ouvrir un avenir à des jeunes en leur transmettant son savoir. Et ils se sont pris au jeu. » L'œuvre la plus spectaculaire a été gardée pour la fin : le foyer créé pour les jeunes arrachés à la prison. Nelly y fait régner une atmosphère de joie, dans la liberté. Elle ne cherche pas à faire pression sur la volonté, même pour le bien, mais à éclairer l'intelligence, à développer la responsabilité. Elle a disposé ce *home* dans la nature, loin des contraintes fallacieuses de la ville. Nous sommes en pleine brousse, dans une clairière. Des huttes sénégalaises sont placées en cercle. Dans chacune d'elles, sept à huit lits bien propres. Un adolescent est responsable tour à tour de l'ordre.

Le matin, tous s'envolent en toute hâte à l'école. L'instruction – chacun l'a compris – est la base de ses valeurs personnelles. Ensuite, les devoirs terminés, il va suivre la formation professionnelle qu'il a lui-même choisie : atelier de cordonnerie, de couture, de menuiserie, culture de légumes et de fruits. Ils me font admirer leurs œuvres avec un plaisir communicatif. Ils ont pris en main leur avenir et se sentent devenir des hommes.

Benoît se tourne vers moi : « Ça vaut le coup d'aider une fille pareille, qui sort des enfants de l'esclavage et les forme dans la joie. »

Nous passons devant une hutte où trône une souriante Sénégalaise d'une cinquantaine d'années. Elle interpelle les jeunes qui nous entourent, tout en faisant tourner sa louche dans une immense marmite, posée sur un feu de bois : « Ce soir, les enfants, soupe aux oignons et carottes du jardin. » On applaudit la « mamma » et on l'invite à la fête.

Danses, sketches et chants se succèdent dans l'allégresse. Nelly me regarde d'un petit air malin.

« Vous m'avez demandé, Sœur Emmanuelle, si cela m'a paru impossible de les sortir de la prison, la loi c'est la loi. Mais pour moi, ce qu'il y a de pire, pour un jeune, c'est de vivre sous une loi, sans liberté. L'essentiel consiste à briser les entraves qui empêchent son esprit de grandir dans sa propre recherche, sa volonté de se fortifier dans ses propres choix, son cœur de s'épanouir dans une amitié spontanée. »

Elle s'arrête un instant et reprend en appuyant sur les mots :

« Quand on aime, on trouve toujours une solution, au-delà de la loi, vous le savez aussi bien que moi, Sœur Emmanuelle et toi Benoît. »

Elle a de l'éloquence, cette fille, quand elle parle. Elle sait surtout tirer d'affaire les autres et elle-même. Fiancée à un gars qui fait les mêmes études dans la recherche, elle arrivera à trouver un emploi avec lui, à l'ORSTOM, au Sénégal.

Elle termine son argumentation en se penchant vers moi et me glisse avec la fierté d'une mère : « Jetez un regard sur leurs yeux, ils étaient si troubles en arrivant ici. Maintenant, ils sont pleins de lumière ! »

C'est le plus beau souvenir que j'ai emporté du Sénégal.

8

SANT'EGIDIO

Mai 68. Paris met Rome en effervescence. Andrea, seize ans, est suspendu à son poste de radio. Cheveux noirs en bataille, « look » très mode, ce fils de banquier explose : ça ne peut pas continuer, il faut changer l'homme, le monde, faire une révolution !... Mais par où commencer ?

Soudain, il se décide. Il dégringole les escaliers, enfourche sa Vespa et fait en vitesse, seul, le tour des *borgate*, les bidonvilles où des milliers de pauvres types vivent d'expédients.

Le lendemain, au lycée Virgile, Andrea harangue ses copains dans la cour : « Écoutez, vous autres ! Nous, les bons bourgeois, qu'est-ce qu'on connaît de notre ville ? Les superbes *piazze*, la via Veneto, les cafés bien fréquentés, les cinémas, les night-clubs en vogue. Au-delà, nous ne savons rien. À deux pas, des hommes, des femmes, des enfants survivent dans des conditions inimaginables. Rome est malade ! Il faut *changer* l'homme, le guérir. »

Il brandit un petit livre : « Nous, les bons chrétiens, qu'est-ce qu'on connaît de l'Évangile ? On en discutaille sans fin, on critique tout, les communistes, les démocrates-chrétiens, les gens d'Église, la société pourrie, etc. Et nous, qu'est-ce qu'on fait ? L'Évangile n'est pas un manuel pour "bien-pensants" mais une rafale qui vous lance dans la tempête, vers les petits, les pauvres, les laissés-pour-compte. Pour changer l'homme, changeons-nous d'abord nous-mêmes. Parlons moins et agissons ! Demain, je démarre une action dans les *borgate*. On va commencer par les gosses. Qui vient avec moi ? »

Hum ! les *borgate* ont une terrible réputation, jamais les fils de « bonne famille » n'y mettent les pieds. Pourtant, un soir de mai 1968, sept jeunes s'enfoncent dans ces quartiers mal famés.

Tout ne se passe pas sans bagarre ; pleins de bonnes intentions, ces sept jeunes bourgeois ignorent totalement le milieu dur des *borgate*. Avec leurs vêtements chic et leurs Vespas, ils représentent la classe des « exploiteurs du prolétariat ». Accueillis à jets de pierre, ils font marche arrière.

Ils retournent chez Andrea où, assis sur le tapis du salon, ils tiennent un conciliabule :

« Qu'est-ce qu'on peut faire ?

– Rien !

– Si, allons-y à pied, avec casquette et bleu de travail. »

Cette fois-ci, quelques enfants commencent à les entourer. Assez vite, le centre du débat porte sur l'école.

« Vous, vous avez des souliers, vous avez pu aller à l'école, nous on en a pas, alors...

– L'école, ça change la vie, riposte un autre avec rancœur, mais nous notre école, c'est la *borgata*, à la vie, à la mort ! »

Andrea propose :

« Nous pourrions vous trouver des chaussures.

– Tu parles ! pour les copains et moi, c'est

trop tard. On a huit et neuf ans et on sait pas lire, pas écrire !

– Pourquoi trop tard ? Nous sommes en mai ; pour nous, lycéens, ce sont bientôt les vacances. Nous pourrons venir tous les jours vous donner des leçons. »

Cette fois, les gosses trépignent de joie.

« C'est vrai ça ?

– Bien sûr, et si vous travaillez bien, en septembre vous aurez comme récompense des souliers pour aller à l'école ! »

Ce fut – des deux côtés – le commencement d'une lutte acharnée contre l'ignorance. Dans un coin désert de la *borgata*, une dizaine de maîtres bénévoles font travailler une trentaine d'enfants. Le soir, à plat ventre dans leur cabane, ceux-ci apprennent leurs leçons à la lueur d'une lampe à pétrole. Il y eut des moments difficiles où crayons et cahiers sautaient à la tête des lycéens. Mais les parents s'étaient mis de la partie et faisaient miroiter aux yeux des gamins la double récompense de leurs efforts : le meilleur avenir qu'apportait l'école et la grande fierté que représentaient des chaussures aux pieds !

Les lycéens, voyant les progrès de leurs élèves, s'investissaient dans leur tâche avec de plus en plus d'enthousiasme. « Ça devient passionnant de vivre, confie l'un d'eux à Andrea. Le soir, je me couche bien dans ma peau. C'est drôle, avant, je croyais m'amuser follement pendant les vacances et finalement tout me semblait si bête ! »

Enfin, à travers jours de soleil et jours d'orage, maîtres et élèves unissant leurs efforts, le mois de septembre arriva... un bon « contingent » de gosses de la *borgata* se présenta, chaussés de souliers, à l'école la plus proche.

Mais Andrea ne s'arrêta pas à ce premier succès. Dès son entrée à l'université, il se remit à l'œuvre, entraînant avec lui une trentaine d'autres étudiants.

« Essayons de nous insérer au *Trastevere.* » (Quartier populaire, pauvre et dévasté par la délinquance, en plein centre de Rome, le long de la rive droite du Tibre.)

« Ce quartier de crève-la-faim où règnent la violence et la drogue, voyons quels sont ceux qui voudraient en sortir. »

Ce fut une autre paire de manches que dans les *borgate* ! S'occuper d'enfants est toujours, à un moment ou à un autre, gratifiant. En revanche, là, les ruelles sont souvent bloquées, les coups pleuvent, les bagarres tournent mal. Nos étudiants sont injuriés, leurs Vespas volées, leur vie menacée.

Heureusement, forts de leur première expérience, ils ne se laissent pas démonter. Ils cherchent quels services concrets ils pourraient offrir à ces pauvres gens. Et un jour, ils décident d'ouvrir un restaurant populaire et un centre de formation pour les jeunes illettrés.

À la longue, même l'homme le plus brutal sait reconnaître celui qui lui veut du bien. C'est ainsi que les truands se mettent à protéger ces jeunes qui viennent se mêler à eux : « Malheur à qui osera les toucher ou voler leur Vespa, il aura affaire à nous ! »

Du coup, tout se calme. Et voilà que les choses commencent à bouger, quels que soient les échecs. Sur 30 jeunes qui s'inscrivent au cours d'alphabétisation, il n'en reste qu'une dizaine après quelques semaines ; mais ceux-ci entrent dans le jeu avec le meilleur d'eux-mêmes, ils collaborent avec Sant'Egidio et luttent farouchement en se tenant les coudes pour sortir coûte que coûte de la drogue et de la violence. De nouveau, les étudiants sont emballés par leur action où, à travers les obstacles, une jeunesse sans espoir a marché avec eux, la main dans la main, et a retrouvé son tonus. Le milieu universitaire leur paraît fermé sur lui-même ; ils prennent conscience que les « intellos » ne connaissent rien des richesses latentes de ceux qu'ils appellent dédaigneusement « la plèbe ». Ils se sentent maintenant chez eux, au milieu de la « plèbe » du Trastevere qui les a baptisés avec affection du nom de « Sant'Egidio », l'église où ils se retrouvent le soir pour prier. Leur nombre va croissant : 7 au début, ils dépasseront un jour les 7 000 et se répandront en Italie et à travers le monde.

Quant aux drogués guéris, ils jouissent avec intensité de leur équilibre retrouvé ; c'est au point que certains ont entrepris de travailler avec Sant'Egidio et d'agir à leur tour sur ce problème qu'ils ne connaissent que trop. Leur tâche est ardue, mais ils possèdent un atout précieux : leur expérience des tours et détours de ce drame.

L'université terminée, le groupe ne se disloque pas. Bien au contraire. Ils se font entendre, ils manifestent. Un soir, ils organisent une retraite aux flambeaux pour remémorer la terrible déportation des Juifs de Rome en octobre 1943.

Mais leurs initiatives font naître des oppositions. Ah ! s'ils pouvaient mettre Jean-Paul II de leur côté ! Comment faire ? Par chance, une occasion se présente. En tant qu'évêque de Rome, le pape visite chacune de ses paroisses.

Profitant de son passage dans une ruelle où ils ont ouvert une maternelle, ils l'appellent par la fenêtre : « Très Saint-Père, entrez chez nous ! » Celui-ci est vite conquis par ces joyeux lurons qui changent un christianisme clos en fraternité ouverte. Et le dialogue s'engage :

« De quoi avez-vous le plus besoin ?

– D'un évêque qui nous protège contre les critiques.

– Pas de problème, quel est le prêtre qui vous comprend le mieux ?

– L'abbé Paglia. »

Quelque temps plus tard, Jean-Paul II lui confère l'épiscopat et le nomme curé de la paroisse du Trastevere.

Il deviendra leur fidèle conseiller qui défendra l'audace de leurs actions contre les esprits chagrins.

En 1975, le choléra éclate à Naples.

Peuvent-ils rester à l'abri à Rome alors que Naples appelle des renforts ? Des volontaires se présentent. Ils partent se joindre aux équipes de secours qui parcourent les rues, soignent les malades et veillent les mourants. Ils ne reviendront à Rome qu'une fois l'épidémie enrayée.

Ces jouvenceaux romains, unis autour d'Andrea, animés du même souffle, n'hésitent pas à passer de la solidarité avec les gens pauvres à la solidarité avec les nations pauvres. Quelle est une des sources majeures de la misère des peuples ? Les guerres qui anéantissent hommes et ressources – mais comment procurer la paix ?

Je ne peux m'étendre ici sur les diverses interventions de Sant'Egidio. Il est extraordinaire de voir comment un simple groupe de jeunes, inconnus, va se lancer au secours d'importants gouvernements, pour faire avancer officieusement des pourparlers trop officiels et impuissants.

Au Liban déchiré par les conflits, ils interviennent auprès de Jumblat qui accepte le retour des groupes chrétiens dans le Chouf.

Au Mozambique, ils participent aux efforts pour enrayer la guerre civile. Ils amènent les négociateurs, à bout d'arguments, à Sant'Egidio, créent d'une manière informelle une atmosphère cordiale qui aboutit enfin à un accord de paix !

Les jeunes font souvent preuve aujourd'hui d'une tolérance religieuse inconnue de mon temps. C'est ainsi que les vingt-cinq, trente ans de Sant'Egidio décident en pleine guerre de Yougoslavie, d'envoyer la même aide en médicaments aux trois confessions en bataille : Serbes orthodoxes, Croates catholiques, Bosniaques musulmans. Pour eux, il serait impensable d'agir autrement.

Mais c'est en Algérie qu'ils ont espéré contre toute espérance : ils n'ont pas eu peur d'agir contre tous les censeurs. Les pourparlers semblent impossibles entre les citoyens acharnés les uns contre les autres jusqu'à la mort. Il n'y a qu'une chance sur cent de réussir ? Eh bien, cela vaut la peine de risquer les railleries pour tenter d'enrayer les flots de sang ! Ils convient les belligérants dans leurs locaux. Ce fut, comme prédit, un échec retentissant ! Les sarcasmes s'abattirent sur « ces naïfs pêcheurs de lune ! »... qui ne s'en troublèrent pas et sont prêts à recommencer en des temps plus propices.

Boutros Boutros Ghali – éminent politicien s'il en fut – écrivait ceci : « La communauté de Sant'Egidio a développé une technique différente mais complémentaire de celle des faiseurs de paix professionnels.» On ne saurait mieux dire! Ce groupe de jeunes voit aussi son dynamisme récompensé par le conseil méthodiste mondial qui lui décerne le prix de la paix 1997.

Si nos diplomates avaient quelques années de moins, peut-être auraient-ils un penchant moins prononcé pour la prudence et, dans certaines occasions, interviendraient-ils plus rapidement et plus efficacement. J'ai dit: peut-être. Je pose simplement la question, car, de toute évidence, je n'ai aucune expérience dans ce domaine! La prudence, que l'on présente comme la qualité maîtresse de la maturité, ne serait-elle pas, dans bien des circonstances, un manque de courage, un recul devant le risque? J'ai déjà fait remarquer que le hasard, plus ou moins périlleux, comporte un singulier attrait pour un jeune, surtout si l'enjeu a une valeur qui brille à ses yeux... Et de là vient l'éternel conflit entre les générations.

Quant au groupe de Sant'Egidio, il n'hésite pas à garder comme but suprême de ses efforts d'instaurer la paix «Urbi et orbi» dans le monde entier. Un colloque inter-religions a été organisé en 1986 à Assise par Jean-Paul II. Pourquoi ne pas le reprendre chaque année? Les «sages» font immédiatement opposition. C'est une entreprise délicate – et coûteuse! – de rassembler les chefs des différentes religions. Que ces blancs-becs se cantonnent à leur activité au Trastevere, c'est exactement là leur place. Mais justement ils n'y avaient pas appris la «sacro-sainte» prudence! Ils se mettent donc à l'œuvre contre vents et marées, trouvent à Rome des sponsors et lancent leurs invitations en Europe, Asie,

Afrique, Amérique aux représentants des divers cultes !

Depuis mon retour en France en 1993, j'ai eu l'honneur d'être chaque année invitée, pour parler à la multitude de jeunes attirés par cette extraordinaire manifestation. Protestants, catholiques, juifs, musulmans, bouddhistes – et j'en passe – étaient entourés d'une centaine de membres de Sant'Egidio qui offraient à chacun le sourire de leur jeunesse et la chaleur de leur amitié. Baignées dans un pareil climat, les réunions se passaient dans un respect et une sympathie mutuels : je n'aurais même pas pu l'imaginer si je n'en avais pas été le témoin ! J'en ai eu la preuve : si l'on est détenteur d'une vitalité et d'un enthousiasme débordants on peut faire bouger l'univers et réunir les hommes dans la paix.

Évidemment, ces initiatives d'une jeunesse ardente n'auront pas pour autant transformé la planète, mais elles nous interpellent.

Si j'en ai longuement parlé, c'est qu'elles ont été pour moi une source de réflexions : les pages précédentes sont l'écho des questions que je me suis posées. Devant ces jeunes chrétiens qui s'engagent au mépris des écueils, je me suis interrogée en premier lieu sur moi-même : en vérité, est-ce que je risque comme eux le tout pour le tout, est-ce que je sais toujours, comme eux, m'investir dans les causes les plus dures ? J'ai dû m'avouer que parfois je recule. Depuis, quand je pense à eux, je me sens comme catapultée en avant. Leur exemple est à même de corriger la « prudence » qui me menace.

Et voilà ma deuxième question : face à la « fausse prudence », ne sont-ils pas détenteurs d'une authentique sagesse ? Celle qui arrive à percer le vrai visage de l'homme, à travers un masque de cruauté et de violence ? Celle qui croit à ce qui fait éclater en nous les forces vitales, à travers la lutte contre les obstacles ?... Celle qui a confiance en l'homme, en l'aspiration ancrée dans son cœur d'une paix fraternelle, et celle qui ose se battre à temps et à contretemps pour permettre à la paix de traverser les murs de la violence.

À un moment donné de l'existence, tout être humain ne se trouve-t-il pas à la croisée des chemins ? D'un côté, la route d'une prudente facilité : chercher sa tranquillité personnelle, surtout ne pas se préoccuper des problèmes des voisins et du reste du monde ; les siens sont plus que suffisants.

De l'autre, la route d'une « sagesse » différente, celle de l'effort qui ne craint pas le combat. Vivre, comporte le risque. Et cela m'amène à une série de questions auxquelles nous essayons tous de répondre : la recherche de la paix pour soi ne doit-elle pas inclure celle des autres ? Ne faut-il pas oser la fraternité, même dans les causes apparemment les plus désespérées ?

Et cette « sagesse », ne la trouva-t-on pas plus souvent dans la jeunesse ? Celle qui fut la mienne ? Alors, pour ne pas la perdre, quel cœur de jeune ne dois-je pas garder ?

Mais certains esprits s'interrogent : « cette belle » sagesse ne serait-elle pas folie ? Fallacieux idéal ?

Tout le sens de la vie ne dépend-il pas de la réponse à ces questions, du choix entre ces deux routes ?

9

EN AVANT, LES FRANÇAIS !

Août 1993, l'avion me dépose en douceur sur le sol de France. Cette fois, c'est définitif: les Supérieures m'ont demandé de rentrer au pays. J'avais jusque-là obtenu successivement cinq années de sursis, 80, 81, 82, 83, 84... à quatre-vingt-cinq ans, la sagesse exige, paraît-il, de s'arrêter! Je vais donc retrouver sur la terre de mon enfance l'enthousiasme des jeunes, la joie de vivre qu'ils apportaient dans les chantiers des chiffonniers d'Égypte et d'ailleurs. Ce sera bon de humer sur place cet air de santé physique et morale.

Eh bien mes amis, je suis tombée de haut! Il m'a fallu vite déchanter. Maintenant que j'en ai l'occasion, je regarde parfois le journal télévisé du soir: des jeunes, protagonistes de scènes de violence, des bagarres avec la police, des vitrines brisées, des voitures brûlées, l'Abbé Pierre sifflé parce qu'il parle de fidélité, une cavale en voiture volée. Même chose dans la presse écrite: des écoliers au couteau tiré, au revolver qui tue dans la cour de récréation.

Les personnes qui viennent me voir lèvent les bras au ciel: «génération perdue, rien ne marche. Ils ne respectent ni Dieu, ni diable, ni famille, ni société ; ils sont sans foi ni loi, d'un égoïsme affreux, rien que drogue, vol, violence ; les exceptions sont rarissimes » ! Et cela se termine invariablement dans un soupir : « Ah ! de mon temps ! Nous étions sérieux, travailleurs, respectueux de nos parents etc. ! » Toujours la même rengaine que j'ai déjà entendue dans mes vingt ans et qui avait le don de m'exaspérer.

Mais enfin, ce tableau désespérément noir représente-t-il vraiment les jeunes de France ? Quel est ce mystère ? J'ai tant vu de jeunes passionnés, acharnés au travail, donnés aux autres. Rentrés au pays, changeraient-ils de peau ? Cela me chavirait le cœur. Elle m'avait fascinée, cette jeunesse qui, à chaque appel, avait répondu « présent », au-delà du risque.

Il faut tout de même que j'arrive à comprendre. J'ai quitté Paris en 1931, je reviens en 1993 : soixante ans ! Le temps de deux générations qui changent de mentalité. La première année de mon retour, je suis peu connue et donc peu sollicitée. Mais ensuite, on me demande de plus en plus de participer à des rencontres avec des quinze, vingt, vingt-cinq ans. Je découvre des garçons et des filles avides d'entendre parler des problèmes de la planète, me posant des questions d'une grande profondeur et prêts à agir dans l'humanitaire.

Ainsi, un soir, j'ai rendez-vous à Nice avec un certain Patrick (surnommé Poupy – il est en effet assez rondelet...). Il me raconte son extraordinaire histoire. Assistant social, à vingt-cinq ans, il était préoccupé des jeunes exclus, drogués et/ou séropositifs pour lesquels il restait impuissant. Il arrive en 1992 à accrocher des copains en insistant sur l'injustice de l'exclusion. Dix d'entre eux décident de lancer une association d'aide aux SDF. Quand on est jeune tout marche rondement. Ils trouvent une vieille ferme abandonnée, ramassent de l'argent et l'achètent. Un travail acharné est entrepris en équipe avec des exclus pour la rendre habitable.

« Comme l'Abbé Pierre, m'explique Poupy, j'ai rencontré un certain Guytou qui allait se tuer.

« Il m'a dit : "J'ai tout perdu, mon job, ma femme, ma maison, je suis foutu.

« – Attends, lui ai-je répondu. Nous arrangeons une ferme dans l'arrière-pays pour les SDF. Viens d'abord nous aider."

« À Noël, Guytou, rayonnant, nous a offert à tous une gigantesque soupe. »

La ferme est maintenant un lieu de vie offert aux désespérés qui viennent y travailler et reprendre souffle. À travers les incidents qui ne manquent pas, elle mérite son nom « MIR-Paix », en russe et serbo-croate. Et Poupy de conclure : « Tout ça, c'est grâce à la collaboration entre mes copains et les SDF : quand on y croit, on fait des miracles. »

Ce brave Poupy ne s'est pas douté de la joie que m'a donnée le récit de son aventure. Le problème des SDF m'avait habituellement été présenté comme étant sans issue. Et voilà des jeunes émus par leur détresse, qui ne se lancent pas dans des théories générales, mais résolvent concrètement quelques cas particuliers. Sa conclusion surtout m'a frappée par sa profondeur d'analyse. Elle insiste sur la collaboration dans le travail, non seulement des jeunes entre eux, mais avec ceux qu'ils veulent aider, elle met aussi en relief la foi en l'homme, quelle que soit sa déchéance. Je crois que Poupy m'a livré ce soir-là le secret de la source du succès. Rendre l'espoir aux hommes en faisant appel à leur énergie pour une cause de qualité : nous retrouvons toute la pédagogie d'Emmaüs, l'admirable réalisation de l'Abbé Pierre. J'ai visité une cinquantaine de communautés en France où j'ai vu remis sur pied les blessés de la vie dont pas mal de jeunes. Gilles, dix-huit ans, des yeux très bleus, une peau très blanche, me confie : « Je suis venu de l'autre bout de la France. Je veux de toutes mes forces sortir de la drogue et du vol. Je suis ici marmiton. C'est ennuyeux comme travail, mais je participe à un sacré boulot : les compagnons triment, ils ont besoin de bouffer. » Son regard s'allume : « Ici on bosse pas seulement pour soi, mais aussi pour en sauver d'autres. Demain trois camions chargés de victuailles et de vêtements partent pour Mostar, en ex-Yougoslavie. Nous, on soulage des misères. C'est bon, ça, c'est mieux que la drogue, hein ? »

Son aventure est typique : ces jeunes qu'on ose qualifier de « perdus » sont prêts à tout affronter si on leur présente enfin un projet propre à répondre soit à leur idéal de justice et solidarité, soit à leur attrait pour une difficile aventure. Le problème est de le trouver, ce projet !

Je voudrais dire un mot également de « Vertige » : c'est encore l'histoire de passionnés de vingt ans qui, en 1987, créent une association dans la banlieue de Clermont-Ferrand. Quel est leur but ? Sortir des jeunes du fatalisme d'un quartier à problèmes : chômage, rixes, drogue, violence. La justice exige qu'on leur offre une planche de salut. Il a suffi qu'un premier animateur allume le flambeau – ici, il s'agit de Joël, prêtre-éducateur. Un groupe de vingt ans reprenant sa devise : « Laisse béton, vive Vertige. » En 1983, ils partent à l'assaut du Mont-Blanc. Un temps de chien les oblige au retour. En 1992, ils partent au Maroc équiper, pour les sportifs de là-bas, une falaise d'escalade ! Cette fois, c'est le succès. En 1994, ils se lancent dans l'humanitaire : ils partent en Inde réhabiliter un dispensaire avec des réfugiés tibétains, dans des conditions matérielles terriblement dures. Ils tiennent le coup grâce à la gentillesse et au dévouement de la population. Ils reviennent marqués pour la vie par une telle expérience de fraternité. Ils ont appris à leur tour que, dans l'humanitaire, on reçoit plus qu'on ne donne.

Dans combien de villes de France ai-je entendu les « bons à rien » me raconter le même genre d'aventure.

À Paris, c'est une bande de copains de lycée, ou de première année d'université qui, il y a vingt ans, créent un club de loisirs pour adultes handicapés mentaux, dont personne ne s'occupait à l'époque. C'est trop injuste de ne rien tenter pour les empêcher de s'abrutir. Sans redouter ce milieu particulier qui aurait fait reculer des gens « mûrs et prudents », ils lancent une association pour les secourir. Ils récoltent des fonds, achètent un château et tous les samedis après-midi y amènent 50 handicapés. Ils leur font faire du sport, des activités manuelles, des promenades en forêt dans le but de réveiller leurs capacités endormies. Les années ont passé, ces jeunes bénévoles se sont mariés, ils ont transmis le flambeau à des successeurs de vingt ans.

Voici ce que m'écrit Catherine, aujourd'hui

directrice des «Amis de Sœur Emmanuelle»: «Si c'était à refaire, on recommencerait tous cette expérience de jeunes, fabuleuse, qui nous a permis de comprendre la personne handicapée mentale, de l'aimer et de la considérer juste comme différente mais tellement généreuse, simple et délicate. Nous nous sommes enrichis mutuellement. Leur nouvelle collaboration avec nous a ouvert aux handicapés un autre univers, leur a apporté une certaine autonomie qui les a équilibrés. On a rétabli un peu de justice dans leurs rapports avec la société. On y a aussi beaucoup appris, le sens des responsabilités, le sens de l'engagement, la concertation. On a touché du doigt l'expérience de l'entreprise, on s'est familiarisé avec les rouages de la vie administrative du pays, avec les associations de tutelle, avec le jeu des hommes politiques que l'on a sollicités.»

C'est ainsi que leur don aux autres a préparé les seize-vingt ans à réussir leur entrée dans le monde du travail.

Quelle est l'idée maîtresse qui a déclenché l'action de ces jeunes? N'est-ce pas la Justice? Voilà le mot lâché: je crois pouvoir affirmer que je l'entends sortir de la bouche de notre jeunesse comme une composante essentielle de leur être. Sincèrement, à ce degré-là, ma génération n'en parlait pas. Aujourd'hui, dans une réunion nombreuse, ou une conversation privée, le terme jaillit. Voici quelques exemples que j'ai notés au hasard:

«J'ai très peur, me dit Michaël, dix-sept ans, d'avoir perdu le sens de la justice. À quatorze ans, j'ai monté un journal, *Stendhal News*, pour aider des associations caritatives. Je ne voulais pas être un salaud qui ne pense qu'à moi. » Ce sont ses propres termes.

Olivier, dix-neuf ans, a le même souci : « J'ai pensé me mettre au service des pays en voie de développement. C'est trop injuste, nous, on a tout, eux, rien. J'ai pu, au moins, partir un mois au Togo, aider à bâtir une école. Les conditions matérielles étaient exécrables, mais je travaillais avec les gens. Ça, ça valait le coup ! »

À ce sujet, le nombre de lettres que je reçois de jeunes – et moins jeunes – qui demandent à partir en chantier est vraiment impressionnant. Je les adresse aux « Amis de Sœur Emmanuelle » qui les envoient à travers le monde.

Je citerai encore Benoît, seize ans, car il est, lui aussi, l'écho de ce que j'ai entendu chez tant d'autres :

« Le monde n'évolue pas assez dans le sens de la justice. Je ne peux agir sur l'échelle mondiale, mais dans des actions particulières. J'ai des échanges d'amitié avec des clochards et des SDF. Je les écoute, je leur rends des petits services : leur écrire une lettre, les accompagner dans un centre d'accueil. À Pâques, je ferai un camp avec 10 000 jeunes pour prier et réfléchir sur le sens de la vie, et où la solidarité et la justice doivent entrer en jeu. »

Les camps et rassemblements où se retrouvent des centaines et milliers de jeunes paraissent être une autre caractéristique de notre époque. À l'appel du pape ils étaient 1 million en 1995 à Denver, et en août 1997 on attend aussi un nombre impressionnant à Paris !

Ce qui est curieux, c'est qu'ils m'invitent souvent, moi, la vieille grand-mère. En tout cas, ça m'est chaque fois une joie de dialoguer avec eux dans leur chaleureuse simplicité. Ils me sont aussi sujet d'étonnement. Un soir, un intervenant leur parlait de continence avant le mariage et de fidélité du couple. Un tonnerre d'applaudissements lui a répondu. J'ai dit alors à mon voisin : « Quelle hypocrisie, vous applaudissez follement, mais qui suit ces conseils ? »

Et voilà sa déconcertante réponse :

« Bien sûr, on n'y arrive pas, mais c'est une aspiration à aimer pour la vie, à être fidèle jusqu'à la mort. »

Une « aspiration » : voilà un terme qui révèle un aspect caché de l'âme des jeunes, qui aspirent à plus d'amour, de solidarité, de justice sur la terre. Cet écho que j'entends soudain surgir du plus profond d'eux-mêmes, j'en reçois aussi l'assurance d'un de mes meilleurs amis. Je veux nommer l'Ami Jean, fondateur de l'Opération « Orange » qui, comme l'association des « Amis de Sœur Emmanuelle », œuvre d'une manière éclatante pour l'enfance malheureuse. Depuis des années, Jean s'adresse aux collèges et lycées, publics et privés, de France et de Navarre. Il sillonne le pays dans tous les sens et a fait des conférences sur l'économie mondiale, à des milliers et des milliers de jeunes. Qui a eu plus de contacts que lui avec eux ? Eh bien, il est intarissable lorsqu'il parle de leur dynamisme, de leur générosité, de leur créativité. « Ils sont extraordinaires. Dès que je mentionne devant eux les problèmes du tiers-monde et de sa détresse ils sont tout yeux, tout oreilles. Pas un mot dans la salle. Les professeurs en sont renversés ! Ils récoltent entre eux de l'argent, inventent tout genre d'activités dans ce but, organisent des conférences en ville où ils m'appellent et suscitent autour d'eux un intérêt concret en faveur des petits Égyptiens, Soudanais, Libanais dont je m'occupe. Ah ! les jeunes, dès qu'on les ouvre au monde, ils sont merveilleux ! Que ferais-je sans leur aide ? »

Je me suis arrêtée avec complaisance sur ceux qui font surgir le meilleur d'eux-mêmes, qui se mettent en marche dans une vie passionnante par la richesse des relations humaines.

« Et les autres ? » comme dit l'Abbé Pierre. Ils me hantent la nuit et le jour, ces centaines de milliers de jeunes acculés au chômage destructeur des forces vitales, séduits par la violence, seule action à leur portée, asservis par la drogue, seule évasion vers un paradis... artificiel ! Ah ! heureusement pour moi ! Je ne suis pas née dans les mêmes conditions : jusqu'à quels excès n'aurais-je pas été avec mon tempérament excessif ? Jusqu'à devenir peut-être même chef de bande, prête à tout casser, comme mes amis me le disent parfois ?

Mais alors, où en suis-je ? Les chapitres précédents ne sont que beau verbiage devant l'énormité de la tâche ?

Je n'ai plus qu'à m'asseoir et à pleurer avec Jérémie sur les ruines, non de Jérusalem, mais de la France ?

Eh bien non ! Cent fois non ! Ma vie m'en empêche, elle qui a été une suite de combats, car « l'obstacle est matière à action » – Salut, Marc Aurèle, pour ta belle sentence.

Oui, il y a une pédagogie de l'action. Je ne peux pas remuer toute la France, mais je peux engager une action précise qui devrait faire boule de neige.

Alain Juppé m'a fait un cadeau royal, il m'a offert les bénéfices de son livre *Entre nous* où il évoque avec esprit et sérénité tant de problèmes, dont celui du chômage.

J'ai demandé à mon Association de gérer cette somme en faveur de l'insertion sociale et professionnelle des jeunes. Il s'agit d'aider certains de ceux qui n'ont pas réussi leur scolarité à acquérir les bases élémentaires et à se prendre en charge. Lorsqu'ils auront comblé leurs lacunes intellectuelles, retrouvé de l'assurance, acquis le sens des responsabilités et apprécié la valeur du travail, ils auront la tête assez haute pour être confrontés à l'épreuve de l'apprentissage. Un choix sera offert pour la formation à un métier de service (chauffeur-livreur, magasinier, serveur, ...) ou à un métier manuel (bûcheron, ouvrier agricole, plombier, menuisier, cordonnier...).

À qui me dira : « Ma pauvre Sœur, c'est une goutte d'eau dans l'océan », je réponds : « Mets ta goutte, toi aussi. » Actuellement se multiplient les actions contre le chômage. Bravo ! Car, finalement, la nation ne peut se rétablir uniquement par les jeunes mais par l'action de chaque citoyen.

Reprenons l'image de l'océan : si tous y jettent une goutte d'eau douce, les flots d'amertume se convertiront en onde d'eau vive. Ah ! Acharnons-nous, hommes, femmes de tous âges à accompagner notre jeunesse dans son combat.

Yalla, en avant, les Français !

10

AIME-MOI COMME JE SUIS

Qu'est-ce qu'aimer ? Ce verbe simple reçoit des interprétations tellement diverses !

Il y a une manière d'aimer qui impose ses propres idées comme étant le bien et le vrai suprêmes, et étouffe ainsi toute personnalité dont les opinions sont différentes des siennes. Je peux en parler, car je suis tombée dans ce piège. Trop imbue de mes capacités, je n'ai pas toujours su respecter celles de mes collaborateurs et j'en ai carrément étouffé certains.

D'autre part, dans une vision matérialiste, on aime une personne à l'instar d'un gâteau au chocolat, pour le plaisir qu'on y goûte et qui va jusqu'à la destruction : on aime ici comme on consomme.

Au contraire, dans une vision spiritualisée, on aime en respectant l'autre et avec le souci de son bonheur... jusqu'à parfois se perdre soi-même pour le lui procurer. Il arrive ici que de « consommant » on devienne « consommé » !

En réalité, le cœur humain n'est pas aussi simple et il inclut en lui-même des considérations et des comportements opposés.

Il n'en reste pas moins que chaque personne, et le jeune en particulier, demande à être aimée avec le respect de son identité, quelle qu'elle soit. Et cela n'est pas facile d'aimer au-delà de ses faiblesses un être composé – comme le dit si justement Pascal – de grandeur et de misère, quand cette dernière est terriblement apparente.

Y a-t-il une manière d'aimer le jeune, qui l'aide à faire apparaître non pas ses misères, mais ses grandeurs ? C'est encore à mes souvenirs que je vais remonter, pour évoquer l'exemple de ceux qui ont réussi là où l'on est trop porté à laisser tomber les bras.

Aux Philippines, une femme – plus très jeune, dans les trente-cinq ans passés – m'a donné à ce sujet une inoubliable leçon. Recteur de l'Université de Manille, Loretta avait entendu parler de jeunes Philippins qui pourrissaient en prison, souvent pour des larcins anodins. Mais la description qu'on lui faisait de ces geôles, véritables et infâmes réduits à rats, était telle qu'elle redoutait de s'y rendre. Pourtant, c'était dans son cœur un lancinant appel au secours : elle devait devenir visiteuse de prison. Et elle le devint, comme si une force supérieure l'y avait poussée.

Sans rien me cacher de l'horreur du lieu, elle me propose de l'accompagner. En y entrant avec elle, je ressens le choc de ma vie : dans des cages à barreaux de fer sont enfermés des êtres humains. Des hommes, des femmes, des jeunes, mis en cage tels des fauves dangereux. Je peux à peine saisir leurs mains qui se tendent à travers les barreaux. J'imite Loretta qui, s'arrêtant plus longuement devant les jeunes, serre ces mains avec effusion, amenant un apaisement sur ces visages hagards. Elle est comme une mère consolant ses malheureux enfants. Au passage de cette femme, une lueur de vie se lit dans les yeux éteints de ces jeunes de vingt ans en train de croupir dans une cage, à même la terre battue. Pour eux, il n'y a plus d'issue. Pourtant, lorsque Loretta arrive, c'est un cœur, une âme qui les visite. Un frémissement parcourt les cages... Seuls les prisonniers les plus âgés restent indifférents : encagés depuis des années, ils sont retournés à l'animalité. Les vingt, vingt-cinq ans, eux, l'écoutent avec avidité. Elle leur dit : « Vous avez eu une période d'errements ; cela aurait pu m'arriver, au même âge. Mais j'examine vos cas, je vais vous aider à en sortir, j'ai confiance en vous, en vos capacités. Nous trouverons ensemble comment vous remettre debout. » Elle déclenche en eux un sursaut d'espoir : quelqu'un croit en eux, les respecte et les aime comme ils sont ; ils se sentent redevenir hommes.

Au sortir de ce bouge, la question me brûlait les lèvres :

« Mais vous n'avez donc pas peur de venir ici, Loretta ?

– Non, car je les aime. »

La joie l'habitait, puisqu'elle avait risqué l'amour ; et la joie revenait habiter ces jeunes, car un amour de mère les entourait : elle ne les ravalait pas, mais les revalorisait.

J'ai fait, moi aussi, une expérience assez extraordinaire dans une des prisons que je visitais en France. Un des détenus a eu l'âme retournée parce que je leur parlais avec respect et amitié et surtout parce que, en partant, je les ai embrassés un à un comme une mère. Un peu plus tard, ce détenu m'a écrit. Une conversion s'opérait en lui, il reprenait confiance, il espérait à nouveau dans la vie. Sa dernière lettre disait : « Je veux devenir moine dans la prison :

prier Dieu et aimer les hommes, essayer d'être un frère pour chacun. » Voilà ce qu'avait déclenché un baiser de vieille maman !

Je n'avais surtout pas prêché – car, entre nous, j'ai toujours eu horreur de faire la morale. Quand j'étais jeune, il suffisait de me dire : « Tu dois » pour déchaîner en moi un désir irrésistible de faire le contraire. Jeunes qui me lisez, ne m'imitez surtout pas ! Heureusement qu'avec les années vient un grain de sagesse... J'ai compris que ceux qui commandent ne sont pas – en général – des imbéciles et j'ai cherché le sens des ordres donnés. Mais, pour en arriver là, faut-il avoir l'âge des cheveux gris ?

Plus tard, me voilà devenue professeur et responsable d'une certaine discipline. J'ai eu besoin de temps pour trouver la méthode d'une vraie éducation : ne pas assommer les jeunes d'injonctions, même fondées, mais respecter d'abord leur mentalité, aimer chacun avec ses aspérités et ses aptitudes. Dès que j'arrivais à expliquer clairement à mes élèves le but de l'effort demandé : les amener à se valoriser elles-mêmes, il n'y avait plus de blocage.

Quelle est alors la manière la plus directe d'aider la jeunesse à vouloir personnellement s'améliorer ?

L'expérience du bidonville du Caire m'a le mieux éclairée sur ce problème. Dans un milieu où les bagarres sont fréquentes et les couteaux vite tirés, l'homme fort qui assomme les autres est le plus admiré. C'était le cas d'un dénommé Basit. Il avait tué deux de ses adversaires et le troisième avait réchappé de justesse. Moi, je ne fais pas partie de la police, je suis *ableti*, la

« grande sœur » des chiffonniers. Et une sœur ne trahit pas ses frères. Le passé de Basit ne me regardait pas. J'allais chez lui comme chez tous, en amie. Nous buvions ensemble un verre de thé, simplement assis côte à côte, au milieu des ordures. Nous parlions en arabe de tous les sujets qui l'intéressaient : ses cochons, leur vente, les difficultés du ramassage des ordures, sa santé, sa famille, etc. Basit était content de m'avoir ainsi près de lui. Nous étions copains, liés par l'estime et par l'affection. Il ne jouait plus du couteau. Sans doute parce qu'il ne voulait pas perdre ma confiante amitié mais peut-être aussi parce qu'il sentait s'épanouir en lui une valeur profonde. Cet homme apparemment rude était avec moi plein de délicatesse et prêt à me rendre mille services. Sa charrette était toujours à ma disposition pour m'apporter ce dont j'avais besoin pour les enfants ou pour les constructions. Au fond, il lui avait surtout manqué de se sentir entouré d'un peu d'estime et de tendresse. En avoir trouvé chez *ableti*, sa « grande sœur », avait soudain fait surgir en lui des qualités inconnues.

En vérité, l'humanité est partout la même, d'Égypte aux Philippines et ailleurs. La sentence de Sciabistari déjà citée est toujours d'actualité : « Fends le cœur de l'homme, tu y trouveras un soleil. » Aimer avec respect fait en tout temps apparaître la lumière, même au milieu des ténèbres.

Plus l'être est tombé bas, plus il est sensible à une parole de considération. Comme cela m'est singulièrement apparu une nuit où, avec le SAMU de Xavier Emmanuelli, nous parcourions les rues de Paris. Avec quel respect, l'assistante sociale et l'infirmière se penchaient sur le SDF couché sur le trottoir: «Monsieur, voudriez-vous monter avec nous dans la camionnette pour aller prendre un repas chaud et trouver aussi un bon lit?» Je le voyais se redresser et accepter – à une exception près – la main amie qui lui était tendue. Le lendemain, douché et rasé de frais, les vêtements lavés ou changés, il repartait avec un autre visage. L'un ou l'autre jeune acceptait facilement, paraît-il, de tenter ici ou là une réinsertion dans la société. Il avait repris confiance dans la vie: on l'avait appelé «Monsieur», on lui avait souri, on lui avait redonné l'apparence d'une jeunesse vivante, on lui avait rendu sa vitalité. Perdre la considération à laquelle toute personne humaine a droit est sans nul doute pire que la mort physique, car c'est la mort de l'âme.

Ceci me fait penser à cette page du général Mac Arthur: «La jeunesse n'est pas une période de la vie, elle est un état d'esprit, un effet de la volonté... une victoire du courage sur la timidité, du goût de l'aventure sur l'amour du confort... Vous êtes aussi jeune que votre confiance en vous-même! Aussi jeune que votre espoir. Aussi vieux que votre abattement...»

Comment rendre l'espoir à ceux que la vie a abattus dès leur enfance ou leur adolescence? Cette scène qui peut servir de réponse se passe au retour des Philippines. Benoît et moi sommes assis côte à côte dans l'avion. Il est plongé dans le travail. Des feuilles s'amoncellent sur sa tablette.

«Benoît, tu ne te reposes pas? Le séjour aux Philippines a pourtant été très fatigant.

– Non, je dois préparer des dictées pour mes élèves de 5e et de 4e. Une partie de ceux qui m'arrivent en début d'année sont nuls et complètement découragés. Leurs parents sont souvent des étrangers sachant à peine le français.

– Mais que peux-tu y faire ? C'est trop tard...

– Il n'est jamais trop tard. Je m'occupe spécialement de chacun d'eux, je me mets à leur portée, je les prends à part le soir, la réussite est possible, je les en persuade, je m'acharne et ils entrent dans le jeu : cela devient une collaboration.

– Et à la fin de l'année ?

– La plupart sont sauvés. Ils seront capables de poursuivre jusqu'au bac, sinon ils resteraient des citoyens de seconde zone toute leur vie.

– On parle de tant de violence dans les écoles de banlieue où tu te trouves ; tu n'as pas peur ?

– Pourquoi ? Les jeunes, quand ils savent qu'on les aime, qu'on cherche leur bien à tout prix, n'ont rien de violent. Je peux laisser ma voiture près de l'école, ils n'y toucheront jamais. Je peux oublier mon stylo sur mon bureau pendant la récréation, il ne disparaîtra pas. Aux dernières vacances, je les ai emmenés en province dans une maison qui appartient à mes parents. Ils n'ont touché à rien. Il fallait les voir tout nettoyer de fond en comble avant de partir ! »

En écoutant Benoît, je pense aux angoissants problèmes apparemment sans issue qui assaillent des milliers de jeunes. Surgit alors de ma mémoire cet adolescent rencontré dans un foyer d'accueil pour les cas désespérés. Il me parlait avec rancœur de sa mère qui l'avait abandonné, des gens qui l'avaient pris en charge pour le faire souffrir. Son visage se fait de plus en plus dur : « OK ! Mais maintenant basta ! Y a une bande qui me fait signe. Je vais aller avec eux : on va en faire de la casse ! »

Mais, tout à coup, brusque transformation : il s'est soudain calmé, en un éclair son visage a changé, sa voix se fait presque douce : « Ah, mais il y a une dame qui m'aime et me respecte. Elle vient dans le centre comme bénévole et elle me donne des leçons. Tu sais ce qu'elle me dit, cette dame ? Que je suis un gars intelligent mais un peu paresseux... Ça c'est vrai, j'ai jamais rien fichu à l'école. Elle ne veut pas que j'entre dans la bande, mais que j'obtienne mon CAP. Elle me dit que je vais devenir un homme et qu'elle m'aidera à trouver du travail. »

Il se tait puis reprend doucement : « Il y a unc dame qui m'aime et me respecte. Elle va m'aider à trouver du travail. » Et il ajoute, comme en sourdine : « Je vais devenir un homme. »

Il a suffi qu'une dame, strictement inconnue, passe et considère ce jeune, ses manques et son potentiel pour que, en l'espace d'une rencontre, la vie de ce garçon prenne un autre relief, un autre tournant. Parce que chaque être humain a besoin de se sentir pris en considération et aimé tel qu'il est, pour devenir ou redevenir un homme !

Dans ma chambrette, j'ai, accroché au mur, un tableau d'un de ces « internés », que les hôpitaux psychiatriques étiquettent : « malade mental » : l'un d'eux m'en avait fait cadeau. Je regarde ces traits d'araignée, ces couleurs sombres, ces formes étranges et ils m'aident à accepter l'autre dans sa différence, à l'aimer. En voici l'histoire.

Un jour de visite, j'entre dans un de ces hôpitaux. Un « fou », bien jeune encore, vient vers moi, me prend par la main, me montre sa peinture, me parle d'elle. Pas un mot sur lui. Je l'écoute avec intérêt : « Qu'ils sont beaux, tes tableaux ! »

Il rayonne et m'embrasse avec effusion : « Tu m'aimes et je t'aime, prends mon plus beau tableau ! »

Dans son apparent isolement, cet homme n'était-il pas d'une certaine manière plus riche, plus productif que beaucoup d'autres et que moi-même ? Quand je regarde son tableau, je pense à la richesse du pauvre.

Il lui a suffi de se sentir compris et aimé pour qu'il me donne ce qu'il possédait de meilleur.

Nous sommes là au plus profond d'un mystère : Pour qu'un germe fasse éclore la vie qu'il recèle, diverses conditions sont nécessaires : l'humidité de la terre, la chaleur qui l'enveloppe, la douceur du printemps. Et dans une âme de jeune, qui aidera ce germe puissant de vie à venir au jour ?

Au début de ce chapitre, je parlais de ce « verbe simple » aux différentes interprétations, aimer : est-ce seulement un sentiment qui remplit l'être d'une certaine vibration de plaisir ? Ou bien ce tressaillement nous pousse-t-il à l'action pour œuvrer en faveur de celui, celle qui nous attire ?

Guy de Larigandie, mort prématurément au début du siècle, présentait cette définition : « S'aimer, c'est marcher ensemble vers un même idéal. » Accorder son pas avec l'autre suppose au départ avoir confiance en lui, en elle ; en être sûr : avec lui, avec elle, on peut avancer sur la route.

Aimer, finalement, n'est-ce pas faire confiance

à l'autre, croire qu'ensemble on peut bâtir une vie ?

C'est le secret d'Andrea, Nelly, Benoît et tant d'autres : ils savent aimer et faire confiance. Ils ont senti tressaillir leur chair, leur esprit, leur cœur à l'appel des jeunes. Ils les ont respectés et ils ont cru à leur valeur, même quand elle était invisible à un œil indifférent, ils ont cru au germe vivant caché en chacun.

La réponse a été rapide : nous avons vu les plus accablés se lever et collaborer à un redressement qui, au départ, leur paraissait à tout jamais impossible ; ils avaient enfin trouvé quelqu'un qui répondait au plus douloureux de leur cri :

Aime-moi comme je suis.

11

DEVIENS CE QUE TU ES

J'ai tenté dans ces pages de transmettre aux jeunes ce que m'ont appris les hommes et les femmes de ce monde, que j'ai rencontrés dans des circonstances souvent douloureuses. Chacun à sa manière m'a donné la même leçon :

Vivre, c'est agir,
Vivre, c'est se battre.

Je n'ai pas vu les chiffonniers restant assis sur les tas d'ordures, pour regarder les Mercedes filant sur l'avenue en bas de leur colline enfumée. Je les ai vus dès 3 heures du matin partir avec leur âne ramasser les poubelles pour survivre grâce à leur contenu... mais dès que je suis arrivée, les jeunes étaient prêts à courir se former à l'école pour changer de vie.

Je n'ai pas vu les Libanais, ruinés par la guerre, mendier sur les trottoirs, mais chercher n'importe quel boulot pour redresser leur pays anéanti.

Je n'ai pas vu les Philippins asservis à la misère, ou abattus par l'éruption du Pinatubo, se lamenter sur leur destin, mais chercher un centre du matin ou du soir pour s'instruire ou transformer les cendres en engrais et en une sorte d'argile propre à façonner des statues.

Je n'ai pas vu les petits détenus et porteurs, ou les apprentis du Sénégal s'attarder sur leur impuissance mais saisir une main tendue pour améliorer leur situation.

Je n'ai pas vu dans les divers continents l'homme indifférent à l'homme mais les jeunes surtout créer une incroyable diversité d'actions pour répondre à toute détresse.

J'ai appris dans mon enfance que nos ancêtres vivaient dans des cavernes, n'ayant que leurs bras pour agir, mais que, de siècle en siècle, ils ont découvert les secrets de notre planète, et ont bâti une civilisation de plus en plus avancée.

Jeunes de l'an 2000, la terre est à vous, que ferez-vous ? J'entends gronder une réponse, lancinante : oui, mais quoi, où, comment... Chômage, partout le même refrain : pas de travail. L'interpellation est angoissante, redoutable ; une seule possibilité est-elle offerte à une multitude de garçons et de filles stoppés dans des impasses : rester assis, les bras croisés, à attendre ?

Au moment où je suis là, à réfléchir le bic en l'air, mon fax se met en mouvement. J'arrache les feuilles et je commence à lire ce témoignage envoyé par une amie. Je note quelques passages :

Mathieu est un rebelle, incapable de supporter la pression familiale et celle de l'école. Il fait des bêtises, s'amuse à piquer des voitures, rien ne va plus. Au printemps 1996, il voit un reportage sur la fondation « Vilanie », créée aux Philippines par Dominique Lemay. En collaboration avec « Les Amis de Sœur Emmanuelle », elle s'occupe des jeunes et des mères en détresse.

Mathieu décide de se lancer un défi, un test personnel. En décembre 1996, il part avec cinq volontaires d'une vingtaine d'années comme lui.

Ils vont mettre en route une fête de Noël avec des enfants et des jeunes de cinq à vingt ans. Le but est de les faire bouger, de leur faire comprendre qu'ils sont capables d'agir et de s'organiser, de prendre un rôle dans la représentation et de s'en tenir responsables.

Drogués ou arrêtés pour des délits, ils sont parqués à 150 dans une pièce de 50 m^2 où ils dorment à même le sol. Dans une pareille ambiance, c'était dur d'organiser avec eux un petit spectacle. Et Mathieu de se dire : « Il faut que je tienne pour leur donner au moins une charge de bonheur. » Il est rentré en France, transformé. Il avait rencontré la misère, la différence, l'abandon, mais également la formidable disponibilité et volonté de s'en sortir de ces enfants philippins. Il conclut :

« Je suis revenu plus serein – plus vivant. Les batteries rechargées à bloc... » Il pense maintenant agir plus près de chez lui.

En fait, l'aventure a permis à Mathieu de devenir ce qu'il était : l'aide à ces enfants oppressés par le malheur l'a obligé à relativiser ses problèmes et à mettre en marche son propre moteur, ce que son être recelait de meilleur.

Jeune qui lis ces lignes, je te remets en question : connais-tu toutes les richesses de corps, d'intelligence, de cœur, de volonté enfouies en toi ? Au plus intime de ton âme, n'aspires-tu pas à répandre du bonheur, à instaurer la paix et la justice et non la haine et la violence ?

Pratiquement que fais-tu de ton propre trésor ? Ce qu'Andrea, Nathalie, Nelly, Mathieu et tant d'autres jeunes ont réalisé, sais-tu que tu en es tout à fait capable ? Ce ne sont pas des contes de fées que je t'ai racontés, mais des exemples de ta propre valeur. Ne me réponds pas: oh! moi, je n'ai jamais pu développer mes capacités... Et alors? rappelle-toi cette université du soir de Manille où se rendaient des Philippins qui n'avaient jamais été à l'école et qui, de zéro, se haussaient par leur acharnement à un grade universitaire. L'homme vaut l'homme. Ce qu'un homme a fait, un autre peut le faire: c'est une question de volonté, dents serrées, poings crispés en tenue de boxe contre l'inertie pour faire éclater les cellules grises de sa cervelle.

As-tu entendu parler de ce jeune de la DDASS, dégoûté de lui-même et du monde? Au moniteur qui un jour l'interpelle: « Cherchons ensemble ce que tu as de bon », il rétorque: « Moi, je suis le dernier des cons et je le resterai. » Mais, par chance, il était tombé sur un éducateur qui croyait au potentiel de la jeunesse, qui croyait que dans la pire détresse il est possible de faire quelque chose, et il est arrivé à rendre confiance en lui-même à ce « con » qui s'est découvert bouillonnant de dynamisme, assoiffé de justice – et il est devenu ce qu'il était, un homme d'action, utile à lui-même et à la société. Et comment? Simplement par cet effort persévérant et quotidien qui cherche et trouve une formation qui le valorise.

La soif d'un monde plus juste, tu la connais toi aussi, j'en suis sûr... impossible de changer le monde, mais que fais-tu dans ton environnement? Partages-tu l'une ou l'autre de ces activités d'élèves de terminale rencontrés dans un lycée belge? Quel éventail ils m'ont présenté! Voilà le dynamisme qui t'attend! Les uns visitent régulièrement tel ou telle malade des environs. N'y en a-t-il pas autour de toi? Leur apportes-tu le réconfort de ta présence? D'autres ont lié amitié avec des handicapés physiques ou mentaux: quel prix représentent pour eux un regard fraternel, un sourire qui réchauffe? Quel accueil chaleureux tu sais offrir, toi aussi, à l'occasion? Certains s'intéressent spécialement à une personne âgée: n'y a-t-il pas une mémé, un pépé dans ton bâtiment qui se meurt de solitude et auxquels ta fraîcheur serait source de consolation? Si tu lisais les lettres de détresse que je reçois, tu t'empresserais d'aller auprès d'eux! Quelques élèves ont pris en charge des analphabètes et des écoliers en difficulté: il n'en manque pas qui auraient seulement besoin d'un bon coup de main pour remonter la pente. Les lycéens qui me décrivaient le monde où ils s'investissaient pour le rendre plus humain étaient passionnés et passionnants. Ah! ça bougeait avec eux! Ils étaient l'antithèse de ce jeune qui, avant de se pendre, avait laissé ce mot sur la table: «Personne ne m'aime et je n'aime personne, adieu, sale vie!» Est-elle vraiment sale, la vie? De qui cela dépend-il? Quand Michaël s'écrie: «Je ne veux pas être un salaud qui ne pense qu'à soi», il se sait, lui, responsable de la valeur de son existence, plutôt que d'en vouloir au monde entier.

Écoute la vieille femme que je suis: née en 1908, j'ai connu le siècle le plus hallucinant qui soit: d'une part, une cruauté d'un raffinement satanique qui a amené la «shoah», le massacre de millions d'innocents, et d'autre part un esprit humanitaire «sans frontières» jamais vu sur notre planète. Chacun y trouve son compte, tu n'as qu'à choisir: entrer dans une bande de terroristes qui met des bombes dans les métros et les lieux publics et fait verser sang et larmes... ou te joindre à ceux qui luttent pour rendre courage aux blessés et à ceux qui pleurent. Tu entres dans l'an 2000, tu peux participer à la fermentation de vie ou de mort qu'il apporte. Et quel vivant es-tu prêt à être, toi? Tu m'apostrophes: « Que me dis-tu, je te suis inconnu! » Justement non. Tu es fils de ton siècle, tu es baigné dans tout ce qui bouillonne autour de toi. Crois-moi, je n'ai pas connu un jeune, pas un, qui ne vibre pas dès qu'on lui parle d'une humanité qui souffre. Tu en veux la preuve? En Suisse comme aux États-Unis, j'ai fait la même expérience. J'avais à parler à des terminales apparemment enchantés de s'amuser hors d'un cours. C'était un beau tumulte. J'ai donné un coup de poing sur la table et j'ai gueulé: « Je reviens du pays de la mort, ce n'est pas une rigolade. Ou vous vous taisez, ou je pars » – un silence de mort a suivi. J'en étais moi-même impressionnée. Je leur ai décrit le drame des enfants du Soudan, ils étaient comme suspendus à ma parole: « Comment vous aider? » « Privez-vous parfois de chocolat, friandises, du superflu et envoyez-moi des chèques pour que ces petits soient un peu mieux nourris. » Je leur aurais demandé de venir pendant les vacances travailler en chantier, dans l'inconfort total, ils partaient sur-le-champ. C'est cent fois vrai: un jeune motivé est un jeune fabuleux, j'y crois parce que je l'ai vu de mes yeux, entendu de mes oreilles, touché de mes mains.

C'est pourquoi, à toi qui vas participer à l'éclosion d'un nouveau siècle, je te lance un « challenge ». Voilà mon défi: sois toi-même, sois le détonateur de ta propre âme, de ta propre richesse, ouvre les yeux sur celle des autres, ne reste pas seul: « c'est du choc des idées que jaillit la lumière », associe-toi, avance en cordée, fais marcher avec d'autres tes pieds, tes mains, ton cerveau, bousculez-vous, créez la vie, suscitez des actions de tout genre : théâtre, musique, sport, culture, bricolage, aide humanitaire, voyage à pied, en bicyclette, en stop. Yalla, en avant ! l'univers est à vous.

Ne vous laissez pas tromper par les médias, ils nous saturent d'images de violence tragique qu'ils gonflent à qui mieux mieux. Non, le monde est plein de jeunes merveilleux qui vous appellent dans leurs rangs.

Je voudrais le clamer à chacun d'entre vous : Sois l'homme, la femme, que tu es, si la déprime est prête à te jeter par terre, sache-le : la force est en toi, dans ton corps et dans ton cœur.

Cette soif de justice qui t'habite, laisse-la t'emporter vers plus malheureux que toi, entre dans la bataille pour que triomphe la fière devise républicaine : Liberté Égalité Fraternité.

Crois en toi, en cette passion cachée en toi pour un monde où des hommes libres vivraient égaux, en frères. Crois en ton dynamisme, incarne ton idéal à l'endroit même où tu vis, là où tu sens battre ton cœur. Sache que ton acharnement, en dépit des échecs, assurera ton triomphe.

Crois dans les autres, le même souffle de justice les fait tressaillir, ne crains pas de rejoindre leur combat : l'union des jeunes est d'une puissance formidable.

Crois en toi, comme moi en toi,
Crois en l'autre comme en toi !
Yalla, jeunesse, en avant,
Tu vaincras !

Ta vieille sœur Emmanuelle.

REMERCIEMENTS

Je tiens à exprimer ma reconnaissance à ceux qui m'ont offert leur collaboration :

L'Abbé Philippe Asso m'a aidée à approfondir ma pensée.

Françoise Huart a su moderniser et tonifier mon style.

Catherine Alvarez a précisé le déroulement des événements.

Isabelle Seguin a revu ces pages avec un sens rare de la pureté de la langue.

Joyeux merci !

Table

ANNEXE

Pour ceux que cela intéresserait voilà le titre de deux fascicules évocateurs d'action :

1) *Les Métiers de la solidarité en France et à l'étranger : Accueil, santé, développement social, éducation, urgence : toutes les carrières de l'humanitaire.*

2) *Nord-Sud : des associations pour agir.* Un panorama des possibilités d'actions en faveur du tiers-monde.

Adresse : CMD/VPC
163, boulevard Malesherbes
75017 Paris

BULLETIN DE SOUTIEN

J'apporte mon aide à Sœur Emmanuelle en faisant un don (*) de :

❑ 200 F
❑ 350 F
❑ Autre ....

❑ par chèque à l'ordre des Amis de Sœur Emmanuelle
❑ par virement CCP 21 201 50 S Paris
❑ Je souhaite être régulièrement informé de l'action de l'association

Nom .... Prénom.............
Adresse...
....
Code postal .... Ville...................

Glissez le bulletin de soutien et votre chèque dans une enveloppe affranchie adressée à :

Les Amis de Sœur Emmanuelle
26 boulevard de Stasbourg, 75010 Paris

(*) Dont 20 F pour l'abonnement à la *Lettre de Sœur Emmanuelle* (4 numéros par an).
Vous bénéficiez de 50 % de réduction d'impôt dans la limite de 6 % du revenu imposable. Les dons font l'objet d'un reçu fiscal.

Des mêmes auteurs :

SŒUR EMMANUELLE

Une vie avec les pauvres, Éditions ouvrières, 1977.
La Foi du chiffonnier, « Le livre ouvert », Mesnil Saint-Loup, 1988.
Chiffonnière avec les chiffonniers, Éditions ouvrières, 1990.
Le Paradis, c'est les autres, Entretiens avec Marlène Tuininga, Flammarion, 1995.
Jésus tel que je le connais, Desclée de Brouwer/Flammarion, 1996.

FRANÇOISE HUART

La Vie aux trousses, avec Agnès L'Herbier, Calmann-Lévy, 1990.

Composition réalisée par INTERLIGNE

IMPRIMÉ EN FRANCE PAR BRODARD ET TAUPIN
Usine de La Flèche (Sarthe).
LIBRAIRIE GÉNÉRALE FRANÇAISE - 43, quai de Grenelle - 75015 Paris.

ISBN : 2-253-14567-X 31/4567/9